LES COLONIES PORTUGAISES

PAR

VICTOR DE TERNANT

ILLUSTRÉ PAR HENRY DE TERNANT

PARIS

SOCIÉTÉ DES ÉTUDES COLONIALES ET MARITIMES

1890

LES COLONIES PORTUGAISES

Le peuple portugais est semi-oriental : un grand nombre de Moçarabes s'[…]
mêlés à la race conquérante des Vandales et des Suèves, et si Alphonse Ier,
[…]nuant la grande œuvre de Henri de Bourgogne et de ses Français, cha[…]
Portugal, en 1139, les Maures qui en avaient fait une dépendance de l'emp[…]
Maroc, il dût forcément laisser sur le sol les hommes qui s'étaient assimil[…]
race nationale et, par ce fait, étaient réellement devenus des indigènes.

Un tel peuple devait naturellement avoir des vertus guerrières, des in[…]
nomades et le goût des aventures. Il s'ensuivit que, selon les circonstan[…]
hommes devinrent bergers, soldats ou marins : ainsi furent les habitants de[…]
barbaresques de l'Afrique. Mais, chez les Portugais, le sang des hommes du[…]
en se mêlant à celui des Moçarabes, avait produit une race forte, policée, […]
rêveuse peut-être, mais avide de gloire et désireuse surtout de se répandre[…]
monde. Leurs combats incessants avec les Maures qu'ils poursuivirent ju[…]
Espagne, après les avoir chassés de chez eux, servirent d'apprentissage aux[…]
gais. Bientôt ils portèrent la guerre dans le pays même de leurs anciens maî[…]
le fils d'Inès de Castro, le Père de la Patrie, Jean Ier, après avoir vaincu à A[…]
rote le roi de Castille qui lui disputait sa couronne, prit Ceuta aux M[…]
d'Afrique et voulut fonder un empire chrétien sur cette terre où régnaient l[…]
cendants de Mahomet. Ses fils, Jean II et l'infant dom Enrique, portèrent plu[…]
leurs regards, et le cap des Tempêtes, après avoir été aperçu par hasard par[…]
devint le cap de Bonne-Espérance quand Vasco de Gama l'eut doublé en n[…]
teur habile, et eut montré au monde étonné la seule route qui, pendant p[…]
cinq siècles, conduisit aux Indes.

Dans ces temps héroïques, la force ne résidait pas dans le nombre ; elle était[…]
dans le courage, l'abnégation et l'enthousiasme. La foi, moins pure peu[…]
qu'aujourd'hui, mais assurément plus vive et plus fervente, servait de g[…]
quelques chevaliers qui quittaient leur pays, leurs familles, leurs plaisirs[…]
amours, et s'en allaient tout bardés de fer chercher les grandes aventures q[…]
procuraient la gloire, la richesse et souvent la mort.

La science d'alors, empirique et obscure, ne venait guère en aide aux d[…]
vertes géographiques, et ces découvertes ont toutes été occasionnées par des[…]
de génie, par des intuitions inscrustables, et peut-être aussi par la fortune qu[…]
rit seulement à ceux qui savent oser, qui regardent la vie comme un voy[…]
pour lesquels son terme inévitable n'a pas de vaines terreurs.

Ainsi furent fondés ces immenses empires d'Afrique, d'Asie et d'Amériqu[…]
seront la gloire éternelle de la nation portugaise, monuments humains aujou[…]
écroulés ou amoindris, mais dont le souvenir impérissable demeurera. C[…]
nation européenne a eu son heure de suprématie, mais aucune n'a fait plus[…]
nation portugaise pour le bien de l'humanité. Alors que le continent d'E[…]
était en proie à des dissensions et à des guerres incessantes, alors que nous […]
tions aux Anglais notre terre française, que notre patrie n'était plus qu'une[…]

et que nos rois avaient à peine un fleuron à leur couronne, les Portugais, s'élançant dans leurs navires à la conquête de terres ignorées, en rapportaient des richesses inconnues. Ils agrandissaient le domaine de l'homme, peuplaient des déserts, ouvraient de nouvelles voies sur terre et sur mer, initiaient le grand commerce alors étranger aux Anglais plus qu'à nous-mêmes, et arrosaient de leur sang le plus pur la terre sur laquelle ils plantaient à la fois la Croix et leur drapeau.

La langue de ce peuple qui a une grande littérature nationale, est ignorée des autres nations civilisées de l'Europe ; cependant, partout où ils ont ou ont eu des établissements, leur langue est restée. Elle est parlée dans la moitié de l'Amérique du Sud, sur presque toutes les côtes d'Afrique, dans les Indes, dans l'Archipel malais ; elle est souvent défigurée, mais c'est le moyen de communication le plus général et le plus répandu qui existe sur la surface du globe.

C'est dans le poëme de Camoens qu'il faut chercher l'histoire merveilleuse des découvertes et des conquêtes des Portugais. Il y chante les hauts faits de ces hommes épiques qui, des rivages de la Lusitanie, traversaient des mers sur lesquelles personne n'avait encore navigué, affrontant des périls au dessus des forces humaines, créant parmi les peuples éloignés un empire d'une sublime grandeur,

> « Entre gente remota edificaram
> « Novo reino que tanto sublimaram ! »

Au roi Sebastian auquel il dédie ses vers, Camoëns demande s'il n'est pas préférable d'être le roi d'un tel peuple que le souverain du monde entier :

> « E julgareis qual he mais excellente
> « Se ser do mundo rey, se de tal gente ».

Si les gloires du passé sont en partie éclipsées, il reste encore aujourd'hui au Portugal un empire colonial qui forme un contraste frappant avec l'exiguïté de la métropole. Les vicissitudes politiques l'ont sans doute amoindri, mais ce qui subsiste suffit pour exciter la jalousie des uns et l'admiration des autres. Le Brésil s'est séparé de la mère patrie mais, malgré tout, il est resté Portugais, et c'est un prince de la maison de Bragance qu'il a choisi pour le gouverner (1). A la rigueur, je pourrais comprendre ce vaste empire dans mon étude, mais je me bornerai à m'occuper exclusivement des contrées qui sont immédiatement sous la domination portugaise, et ma tâche ne laissera pas d'être suffisamment lourde.

Les établissements coloniaux du Portugal se composent :

Dans l'Océan Atlantique, de l'Archipel des Açores ;

En Afrique ou sur ses côtes, des îles de Madère et de Porto Santo ; des îles du Cap-Vert ; des établissements de la côte de Guinée (Sénégambie, Bissao, Cacheo, Bolama) ; des îles de Saint-Thomé et du Prince ; du fort Saint-Jean-Baptiste de Ajuda dans le royaume de Dahomé ; du royaume d'Angola (districts de Loanda, Benguéla et Mossamadès) ; du Congo portugais ; du Mozambique (districts du Cap Delgado, Angoche, Mozambique, Inhambam, Quelimane, Sofala, Lourenço-Marquez, Tête et Manica) ;

En Asie, dans les Indes : de Goa, Salcète et Bardez ; de l'île d'Angedive et de nouvelles acquisitions ; de Damao et son territoire, des îles de Diu et Gogola ; de Macao, en Chine ;

---

(1) Ceci était écrit quelques jours avant les derniers événements dont Rio a été le théâtre.

Dans l'Archipel Malais, des îles Solor et Midora ; d'une partie de l'île de Timor, etc.

Aux possessions ci-dessus il faut ajouter les territoires de l'Afrique centrale bornés par le cours du Zambèse, et sur lesquels le Portugal exerce une souveraineté purement nominale : leur superficie est évaluée à un million de milles carrés.

Le budget colonial pour l'exercice 1888-1889 se répartit de la manière ci-dessous en milreis (1) :

Recettes	Dépenses	Déficit
2.905.637	3.889.078	983.441

D'autre part, le commerce entre le Portugal et ses colonies a eu, en 1887, l'importance suivante en milreis :

Importations en Portugal	Exportations en Portugal
2.991.969	628.931

En parlant de chaque colonie, je donnerai, autant que possible, l'importance des exportations et des importations dans un sens général.

Les Açores

Cet archipel se compose de neuf îles formant trois groupes distincts. Elles sont situées dans l'Atlantique, entre les latitudes 36° 59' et 39° 44' N., et les longitudes 31° 7' et 25° 10' O. Le premier groupe, au nord-ouest, comprend les îles de Flores et de Corvo ; le second, au centre, et distant du précédent d'environ 114 milles sud-est, se compose de Terceira, Saint-Georges, Pico, Fayal et Graciosa ; et le troisième à environ 69 milles sud-est du groupe central, comprend Saint-Michel et Sainte-Marie. Une distance de 45 milles sépare ces deux dernières îles. La population totale de l'Archipel s'élève à 260,000 habitants, ainsi répartis : Terceira, 50,000 ; Saint-Michel, 107,000 ; Pico, 28,000 ; Fayal, 30,000 ; Flores, 16,000 ; Saint-Georges, 12,000 ; Graciosa, 10 ; Sainte-Marie, 6,000 ; Corvo, 1,000.

Suivant la tradition, les Açores furent découvertes vers le milieu du quinzième siècle, par un Brugeois nommé Vandenberg, qui se rendant à Lisbonne, avait été poussé vers ces îles par les vents contraires. A son arrivée à Lisbonne, il parla naturellement de sa découverte, et Antonio Gonzalez nous dit que dom Enrique de Portugal, comprenant l'importance que pourrait avoir la possession de ces îles, s'y rendit en personne en 1449. Il se peut cependant qu'il ait été précédé par quelques colons flamands envoyés par les marchands et armateurs de Bruges, car les Açores ont aussi été connues sur le nom de Flamingos ou Iles flamandes. Quoiqu'il en soit, elles reçurent le nom de Açores ou Iles des Faucons, à cause du grand nombre de ces oiseaux que les Portugais y trouvèrent à leur arrivée.

Cet archipel est d'origine volcanique. Le sol est d'une fertilité merveilleuse : les plantes tropicales, l'oranger, le citronnier, la vigne, la canne à sucre, le caféier, le tabac et tous les arbres fruitiers d'Europe y croissent dans la perfection. Avec des capitaux sagement employés et un peu d'esprit d'entreprise, les Açores seraient bientôt d'un rapport extraordinaire. Malheureusement, les habitants semblent encore ignorer les premiers rudiments de l'agriculture ; ils sèment certainement le blé, l'orge et le maïs, mais comme le lupin croit sans effort et atteint d'énormes

---

(1) Un milreis équivaut à 5 francs 50 centimes.

proportions, c'est cette plante qui forme la culture favorite, et ses graines sont le principal article d'alimentation. D'ailleurs, le système agraire qui est encore en vigueur et ne permet pas aux paysans de devenir propriétaires, s'oppose naturellement à un développement agricole qui ferait la fortune de ces îles.

Le climat est admirable et assez humide pour rendre le sol encore plus fertile et pour entretenir la verdure des pâturages qui nourrissent de nombreux troupeaux de bœufs, de chèvres et de moutons. Les vents du Midi créent l'humidité de l'atmosphère, ceux du Nord la dissipent ; sous l'influence des premiers, l'air est quelquefois chargé de deux pour cent de vapeurs aqueuses.

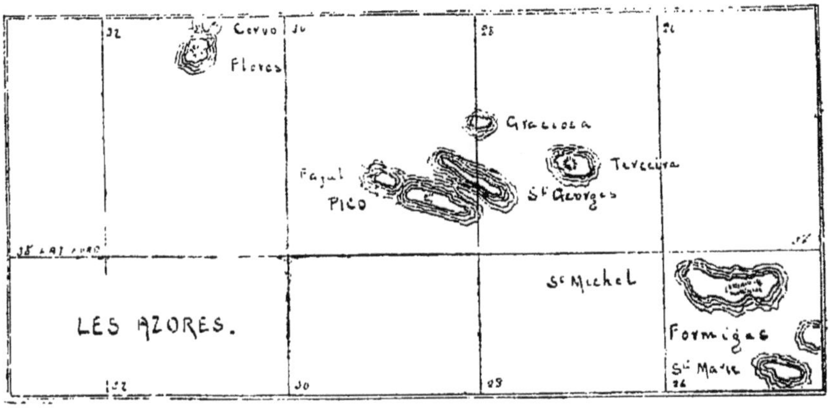

Carte des Açores

SAINTE-MARIE, l'île la plus méridionale, a environ sept milles de longueur et cinq milles de largeur ; sa capitale, Villa do Porto, est située au sud-ouest de l'île, dont le centre est occupé par une montagne à double pic, le Pico Alto, de 1,900 pieds de hauteur. Le trap est le roc qui domine partout, mais il est recouvert par des laves récentes et par des couches de coquillages marins dont la présence prouve suffisamment que le sol a été élevé du fond de la mer par une convulsion volcanique. Les cultures principales sont le blé, le maïs et l'orge, ainsi que la vigne et l'oranger.

A vingt milles nord-est de Sainte-Marie, se trouvent les Formigas ou Fourmis, un banc de rochers plantés sur une montagne sous-marine dont on estime la longueur à six milles et la largeur à trois milles. Le roc le plus élevé, le Hormigon, n'a que 35 pieds de hauteur, et tout le banc est dépourvu de végétation.

Les premiers colons de Sainte-Marie y furent amenés en 1431, par Gonzalez Velho Cabral qui treize ans plus tard, se rendit sur la côte nord-ouest de Saint-Michel où il espérait fonder un établissement considérable.

SAINT-MICHEL est la plus grande des Açores. Son extrême longueur est de 45 milles et sa plus grande largeur de 12 milles. Aucun roc primitif ne semble dominer dans l'île, mais elle est composée de conglomérations, et on y rencontre, outre la lave, la pierre ponce et les scories, des rocs de tuffeau et de basalte. L'origine de Saint-Michel n'est pas douteuse ; les montagnes et les collines, par leur forme conique généralement surmontée d'un cratère, indiquent autant de volcans éteints. Mais ce repos n'est qu'extérieur, car il est évident qu'un travail souterrain existe encore, ainsi que le prouvent les Caldeiras, ou fontaines d'eau bouillante, qu'on rencontre souvent dans la vallée de Furnas et ailleurs. L'extinction presque générale des cratères est probablement due à l'eau qui semble circuler librement à travers les cavernes dont l'île est remplie ; cette eau est aisément forcée en haut par l'action volcanique qui dure encore, et dans beaucoup de cas elle arrive jusqu'au sommet des montagnes où elle s'établit à la longue. C'est ainsi qu'ont dû être formés les nombreux lacs que le voyageur est étonné de rencontrer sur les hauteurs, et dont les plus considérables sont ceux des Sette Citades qui occupent un cratère éteint de trois milles et demi de longueur et de deux milles de largeur.

Lorsque, en 1444, Gonzalez Velho Cabral retourna à Saint-Michel pour y établir sa nouvelle colonie, il vit avec étonnement que les vastes plaines qu'il avait admirées l'année précédente, avaient été remplacées par un énorme volcan en activité. Cette montagne est celle dont je viens de parler, et dans son cratère se trouvent maintenant les deux lacs, Grande et Azul.

Aucune éruption n'eut lieu jusqu'en 1522 : alors deux collines furent renversées de leur base, et Villa Franca fut entièrement détruite, 4,000 de ses habitants périssant dans ce cataclysme. En 1563, le Pico Sapadeiro se mit en éruption ; en 1591, un tremblement de terre détruisait Villa Franca ; en 1638, une nouvelle île sortit de la mer à l'ouest ; en 1652, une violente éruption eut lieu; l'année 1991 vit un nouveau tremblement de terre et la subite formation de deux îlots près de la côte ; en 1707) une trombe éclata sur Ponta Delgada ; en 1719, une nouvelle île apparut à l'ouest ; l'année suivante, un tremblement de terre renversa les falaises sur une longueur de plusieurs milles ; en 1744, des trombes entraînèrent presque entièrement plusieurs villages ; en 1806, 1811 et 1838, de hauts rochers furent renversés dans la vallée des Furnas ; en 1839, la mer s'éleva à une hauteur prodigieuse et emporta les maisons qui se trouvaient sur la côte méridionale, et en 1841, le tremblement de terre qui dévasta Terceira se fit aussi sentir à Saint-Michel.

Malgré toutes ces convulsions, cette île est un des points les plus fortunés de la terre ; son climat est délicieux, et la richesse de son sol est incalculable. Les oranges et les citrons sont les principaux articles d'exportation, et, au moment de la récolte, de nombreux navires viennent y chercher leurs chargements de ces fruits. L'île est divisée en trois districts : Ponta Delgada, Ribeira Grande et Villa Franca.

Ponta Delgada, la capitale, la résidence de l'évêque, et le siège d'une commanderie militaire dont le titulaire est un colonel d'infanterie, est bien construite et adossée à de hautes montagnes, avec lesquelles les églises et les maisons blanches de la ville forment un contraste frappant. Elle est défendue à l'ouest par le château de Saint-Braz, et à l'est, par deux petits forts. Sa population est d'environ 25,000 habitants.

Villa Franca est située dans une baie dont l'entrée est protégée par le Porto de Ilheo, un singulier rocher conique de 400 pieds de hauteurs. Ce rocher était dans l'origine un volcan dont le cratère est tombé dans la cavité intérieure ; il a une ouverture qui permet à un petit navire d'entrer dans ce port extraordinaire et d'y trouver un sûr abri. La ville a environ 3,000 habitants.

Ribeira, sur la côte Est, n'offre rien de remarquable, si ce n'est que les maisons sont construites avec la lave qui abonde dans les environs. L'île contient en outre trois autres petites villes et une cinquantaine de villages.

Ponta Delgada

TERCEIRA, comme Saint-Michel, n'aurait besoin que de quelques ouvrages d'art pour devenir imprenable. C'est en fait un fort naturel; ses hautes falaises sont elles-mêmes protégées par des rochers qui en défendent l'approche. Un général de brigade y commande la garnison. Terceira a une longueur de vingt milles, une largeur de treize milles et une circonférence de soixante milles. Le sol consiste en lave décomposée et est très favorable à la culture de la vigne, de l'oranger et du citronnier. La capitale est Angra, et, outre Praya, l'île contient quinze villages.

Angra est une ville de 12,000 habitants, avec de larges rues et de belles maisons régulièrement bâties. C'est non seulement la capitale de Terceira, mais aussi celle de tout l'Archipel, car c'est là que réside le gouverneur civil, et elle est le siège de la Cour d'appel. La baie offre un excellent mouillage, pendant quatre mois de l'année, de juin à septembre. Mais, au commencement de l'hiver surtout, les tempêtes sont si fréquentes et si violentes que, pour les éviter, les navires doivent, à la moindre apparence de mauvais temps, mettre à la voile et gagner le large. Près du Monte Brasil se trouve la citadelle ou fort de Saint-Jean, au nord-est d'Angra, qu'il défend très bien. De cette citadelle part un rideau de murailles et de batteries qui la relie au fort Saint-Antoine. Le côté nord-est est protégé par le fort Saint-Sébastien. A quatre milles environ du Monte Brasil, et à moins d'un mille de la côte, se trouvent deux curieux rochers, les Cabras ou Chèvres, et près d'eux s'élèvent les Frayles, ou l'île des Frères, avec ses deux pics qui ressemblent à des pyramides.

Une vallée, située près du sommet des montagnes et à environ sept milles nord d'Angra, est remarquable par les chaudes vapeurs qui sortent du sol d'argile ou plutôt de lave décomposée qu'il est facile de couper avec un couteau. Elle est de plusieurs couleurs et les indigènes s'en servent comme de pigments. Les vapeurs déposent autour des crevasses dont elles sortent de petites quantités de soufre.

Les Chèvres (Terceira).

Praya, dans une baie qui affecte la forme d'un croissant, est défendue par plusieurs forts importants. Cette baie peut abriter une flotte entière, tant que le vent de l'est ne souffle pas. Du 12 au 26 juin 1841, de fréquents tremblements de terre se firent sentir dans l'île de Terceira et principalement à Praya, où 800 maisons furent détruites. Chaque secousse étant précédée de bruits souterrains ressemblant au tonnerre, on a conjecturé que ce phénomène était dû à une éruption volcanique sous-marine, dont le centre était à environ 17 milles Est de l'extrémité orientale de l'île, et cete conjecture a été confirmée par la formation de rochers à fleur d'eau dans cette direction.

PICO a trente-cinq milles de longueur sur huit milles de largeur. Cette île doit son nom au pic ou volcan qui est son point le plus élevé (7613 pieds). On le distingue à 25 lieues de distance, mais son sommet est souvent perdu dans les nuages. La dernière éruption a eu lieu en 1718, mais le cratère de trachyte, au cône régulièrement formé, lance souvent de la fumée, des flammes et des cendres à une distance considérable. Au pied de la montagne se trouve une source dont l'eau est généralement pure et froide, mais qui parfois est tellement chauffée par les feux souterrains qu'elle devient bouillante et émet des vapeurs sulfureuses et lance des pierres vitrifiées.

Le sol est trop pierreux pour permettre sur une échelle suffisante la culture des grains qui doivent conséquemment être importés des îles voisines ; mais en revanche les vins de Pico sont les meilleurs et les plus renommés des Açores. Ils forment, avec l'eau-de-vie, un article d'exportation considérable. Sur les montagnes se trouvent de belles forêts de cèdres et de grands ifs connus sous le nom de *teixos* et qui fournissent d'excellents bois de charpente.

Lagena, la capitale, est située dans une lagune communiquant avec la mer au moyen d'une barre que les caboteurs passent à la marée haute. Deux autres petites villes et plusieurs villages sont situés sur la côte, entre autres Sainte-Madeleine, d'où la plus grande partie des articles d'exportation sont dirigés sur Fayal dans des bateaux à rames.

FAYAL est une des plus favorisées des Açores. Son climat est pur et doux ; il n'y a point d'hiver et les chaleurs de l'été sont tempérées par des brises constantes. Plus d'un tiers de sa superficie est cultivé et produit du blé et du maïs en quantités suffisantes pour la consommation de ses habitants et pour une exportation considérable à Pico. Quoique d'excellents pâturages y existent, Fayal doit importer des moutons et des bêtes à cornes de Saint-Georges qui a toujours un surplus. Les oranges sont aussi un article important d'exportation.

Orta, la capitale et le siège d'une commanderie militaire, est un port de transit ; de nombreux baleiniers américains viennent y déposer leurs huiles qui sont ensuite réexpédiées sur l'Amérique. Cette ville d'environ 12,000 habitants est propre et bien pavée, quoique ses rues soient très étroites. La baie dans laquelle elle est située forme le meilleur mouillage des Açores, quoique les navires y soient exposés au vent du nord-est et du sud-est au nord-ouest qui prévalent en hiver, celui du sud-est étant le plus dangereux. Au Nord de la ville se trouve Espalamaca, un rocher pittoresque au sommet duquel est plantée la vigie du port.

Caldeira de Flores.

SAINT-GEORGES est une île étroite, de vingt-neuf milles de longueur sur trois de largeur. Elle produit d'excellents vins qui sont exportés principalement à Terceira et trouvent même un marché jusqu'en Amérique. Ses magnifiques pâturages, lui permettent de fournir des bestiaux aux autres îles de l'Archipel, et ses fromages sont renommés.

Le 1er mai 1808, les habitants de Fayal observèrent la formation soudaine d'un volcan au centre de l'île de Saint-Georges : l'éruption ne dura que trois jours, mais ils suffirent pour ruiner presque entièrement une île qui jusqu'alors était fièrement la richesse de ses champs, de ses vignobles et de ses jardins. Saint-Georges se ressent encore des effets de cette terrible catastrophe.

Villa de las Vellas et Caleta sont les villes principales, et de cette dernière on exporte de grandes quantités de bois de chauffage pour les îles voisines.

GRACIOSA doit son nom à sa beauté et à la fertillité extraordinaire de son sol. Quoique les arbres y soient rares, les genêts y atteignent de grandes proportions. La longueur de l'île est de dix milles et sa largeur de cinq. Deux hautes montagnes volcaniques occupent le centre et sont séparées par une immense plaine qui produit principalement de l'orge. Les récoltes de blé, orge et maïs sont tellement abondantes qu'il y a toujours un surplus pour l'exportation.

Santa-Cruz est la capitale, et cette petite île renferme une autre ville et deux villages.

FLORES a trente milles de longueur sur neuf de largeur. Son nom lui vient de l'immense quantité de fleurs que les Portugais y trouvèrent à leur arrivée. L'igname est le principal article de culture, mais le blé est très abondant et on peut souvent en exporter des quantités considérables. L'orseille couvre les rochers de l'île et sa récolte donne une occupation souvent périlleuse aux plus pauvres des indigènes.

Santa-Cruz et Lagena sont situées sur la côte Est ; il y a de plus quatre villages dans l'île.

CORVO, la dernière des Açores, est formée par une seule montagne volcanique d'une circonférence de près de dix milles. Le cratère de ce volcan éteint occupe toute sa partie nord-ouest et a plus de trois milles de circuit. Il est cultivé et contient de bons pâturages. Le sommet qui entoure ce cratère a une altitude maximum de 2,548 pieds ; dans le fond se trouvent deux petites lagunes à 1,273 pieds au-dessus du niveau de la mer. Au sud-ouest de l'île, des terres plus basses semblent avoir été formées plus récemment par des laves provenant d'une éruption du volcan. Ces terres sont très bien cultivées et d'un excellent rapport.

Le seul point habité de l'île est le village de Corvo, composé d'environ deux cents maisons de pierre couverte de chaume ; il compte moins de 1,000 habitants.

Madère et Porto Santo

Dom Enrique de Portugal, duc de Visco, quatrième fils du roi Jean II, et qui est certainement l'homme auquel les Portugais sont redevables de leur grandeur maritime et coloniale, arma en 1418 un navire dont il confia le commandement à Joao Gonzalez Zarco et à Tristan Vaz, leur enjoignant de doubler le Cap Bojador, un promontoire situé sur la côte occidentale d'Afrique, que les navigateurs d'aujourd'hui redoutent encore à cause des eaux peu profondes qui l'entourent et du brouillard qui enveloppe constamment ses rochers à pic. Ce cap était alors et fut jusqu'en 1433 la limite où les marins devaient s'arrêter, et dont Enrique avait donné l'ordre à ces deux hommes de la franchir et de faire voile vers le sud. A cette époque, les navigateurs suivaient toujours les côtes, et en se tenant à ce système, Zarco et Vaz rencontrèrent une furieuse tempête qui les jeta au large et les poussa, après bien des périls, vers une île inconnue et inhabitée sur laquelle ils prirent terre et qu'ils nommèrent Porto Santo.

Ils se hâtèrent de retourner en Portugal et de faire part de leurs aventures à dom Enrique qui, l'année suivante (1419), équipa trois navires qu'il donna aux mêmes commandants, leur adjoignant Barthélemi Perestrello, et leur donnant l'ordre de prendre possession de Porto Santo au nom du roi de Portugal. Après avoir débarqué leurs équipages et commencé la colonisation de l'île, ils observèrent, à environ quarante milles vers le sud, un nuage noir qui semblait immobile et qui leur fit supposer qu'une terre quelconque existait sur ce point. Ils résolurent de faire voile vers ce nuage, et arrivèrent bientôt en vue d'une grande île, entièrement couverte d'arbres, à laquelle, pour cette raison, ils donnèrent le nom de Madeira.

S'il faut en croire Alcafaredo qui, sur l'ordre de dom Enrique, écrivit une relation de la découverte de Madère, cette île avait déjà été habitée et, en fait, découverte par deux amants qui s'enfuirent ensemble afin d'éviter la tyrannie des parents de la jeune fille qui s'opposaient à leur union. Richard Hakluyt, un éminent historien anglais qui mourut en 1618, donne une relation de cette aventure sous le titre de « Macham's Voyage to the Island of Madeira in 1344 », et sir George Staunton, dans son Histoire de l'ambassade de lord Macartney en Chine, publiée en 1707, raconte ainsi cet épisode :

« Robert Macham, qui vivait en Angleterre sous le règne d'Edouard II, devint éperdûment amoureux d'une jeune demoiselle appelée Anne Dorset, laquelle était extrêmement belle et issue d'une famille noble et puissante. Cette jeune personne ne fut point insensible à l'amour de Macham ; mais sa famille, qui regardait comme indigne d'elle l'alliance de cet homme, obtint un ordre du roi pour le faire renfermer, jusqu'à ce que la demoiselle eût épousé un gentilhomme des environs de Bristol. Elle donna en effet sa main à ce gentilhomme qui l'emmena aussitôt dans son château. Quelque temps après, Macham étant sorti de prison, rejoignit sa maîtresse, et la détermina à s'embarquer avec lui à bord d'un vaisseau qui devait les porter en France. A peine eurent-ils levé l'ancre, que la tempête les assaillit, et comme le vaisseau était mal équipé, ils furent emportés loin des côtes, et errèrent pendant treize jours à la merci des flots. A la fin, ils crurent découvrir quelque chose qui ressemblait à la terre, et après en avoir approché, ils virent que c'était une île couverte de bois. Ils eurent bientôt jeté l'ancre, et Macham, la dame et leur petite suite se rendirent à terre, et construisirent sous les branches d'un grand arbre, une espèce de cabane qui leur servit de retraite. Pendant la nuit, une nouvelle tempête arracha le vaisseau de ses ancres, et l'emporta jusque sur la côte de Barbarie, où il fut brisé contre les rochers : l'équipage pris par les Maures, fut réduit en esclavage. La dame fut si affectée d'avoir vu le vaisseau s'éloigner, qu'elle mourut en très peu de temps, et Macham ne pouvant supporter la douleur que lui causait cette mort, ne tarda pas à la suivre. Les gens de leur suite, désespérés de ces deux pertes, résolurent d'abandonner l'île, et s'embarquèrent dans un canot, mirent à la mer sans savoir où ils iraient, ni de quel côté ils devaient se diriger. Après une longue suite d'aventures, ces gens se trouvèrent avec un Espagnol qui fut si charmé du merveilleux de leur histoire, qu'il en fit part à Gonzalez Zarco, chargé par le roi de Portugal d'aller faire des découvertes, et il l'engagea même à faire voile du côté où l'on disait qu'était l'île nouvelle. Les gens de Macham n'avaient pu indiquer que très imparfaitement la position de cette île : malgré cela, on ne tarda pas à la retrouver. »

Il est évident qu'il y a dans ce récit ou une erreur de dates ou une inexactitude flagrante. Le voyage de Robert Macham et de Anne Dorset est supposé avoir eu lieu en 1344, et Zarco et Vaz découvrirent certainement Madère vers 1419. Il y a donc un intervalle de quatre-vingt-cinq ans entre les deux dates, ce qui est simplement absurde. Cependant il existe, dans le palais du gouvernement à Funchal, un tableau qui a pour sujet l'aventure de Macham et de sa maîtresse, et dans la petite église de Machico, on conserve une portion de la croix qui était au chevet de la tombe des deux amants. La tradition veut même que cette église ait été bâtie sur l'emplacement où se trouvait cette tombe creusée il y a près de cinq siècles.

Le nuage immobile qui guida Zarco dans sa découverte, est formé presque toutes les nuits par la condensation des vapeurs d'un air chaud placé en contact avec une masse froide comme l'est une montagne élevée ; c'est en fait un brouillard que le soleil du matin fait disparaître, en vaporisant l'humidité dont l'atmosphère est chargée. Il existe à Madère un vent appelé *leste* qui, comme son nom l'indique, vient de l'est, quoique tous les vents qui soufflent de ce côté ne soient pas de la même nature. Il semble être de celle du *harmattan*, si connu des voyageurs qui ont visité la côte occidentale d'Afrique ; il est sec et oppressif, causant à certaines constitutions, des langueurs, des maux de tête, et une sécheresse de la peau, des paupières et des lèvres. Ce qu'il y a de plus singulier, c'est que les habitants ou indigènes du pays sont ceux qui sont principalement sujets à en être incommodés ; les visiteurs en souffrent beaucoup moins, et les poitrinaires s'en trouvent bien. Une atmosphère très claire et un ciel entièrement sans nuages indiquent généralement l'approche du *leste*, et pendant toute sa durée le temps est magnifique, le ciel d'un bleu foncé, et l'air si transparent que toute chose dans la nature semble prendre un nouvel aspect et se revêtir de couleurs plus vives. Quelquefois, mais rarement, le *leste* est accompagné de violentes rafales, mais le temps n'en est pas moins beau. Les nuits sont délicieuses et chaudes · l'air chargé de parfums. Mais, dès que le *leste* s'éloigne, de fortes pluies commencent.

Il existe peu de pays dans le monde qui soit aussi favorisé que l'île de Madère sous le rapport du climat. La belle saison dure généralement neuf mois de l'année qui n'est qu'un été perpétuel, la température ne variant que de quelques degrés, et cela d'une façon graduelle et à peine perceptible. Il en résulte qu'on rencontre en tout temps et de tous côtés des fleurs telles que la rose, la violette, le myrte et le géranium, tandis que dans les éclaircies que laissent les arbres, croissent des bruyères qui souvent atteignent des proportions gigantesques, abritant les fougères dont es gracieuses branches se mêlent aux plantes tropicales dont l'île abonde.

L'île de Madère est située entre les latitudes 32° 49" 44" et 32° 37' 18" nord et les longitudes 16° 39' 30" et 17° 16' 38" ouest.

Elle a une longueur de trente-deux milles, une largeur de douze milles et une circonférence de soixante-seize milles. Près du village de Machico, dont j'ai parlé plus haut, se trouve la montagne de Saint-Antoine, haute de 5,076 pieds, au sommet de laquelle on voit encore les traces d'un cratère, ce qui indique clairement que l'origine de Madère est volcanique. L'île est entièrement composée de montagnes et de vallées. Le point le plus élevé, le Pico Ruivo se trouve au centre, et tout auprès, vers l'ouest, s'élève la Lomba Grande, une montagne de 6,000 pieds de hauteur et de deux milles et demi d'étendue, qui forme un des côtés du ravin du Curral, une des merveilles de Madère. Les rochers qui entourent cet étrange précipice, dont la profondeur donne le vertige, sont perpendiculaires, et leur altitude varie de 1,000 à 5,000 pieds. Autour de ces falaises règne un sentier de dix à douze pieds de largeur, permettant aux voyageurs de faire à cheval ou à mulet le tour de l'abîme. I est souvent impossible d'en apercevoir le fond, et ceux qui osent se pencher en avant, se retirent bientôt épouvantés, non pas tant à cause de la profondeur du Curral qu'à cause des nuages et des vapeurs qui le remplissent et roulent les unes sur les autres, comme si un souffle intérieur les condamnait au mouvement perpétuel.

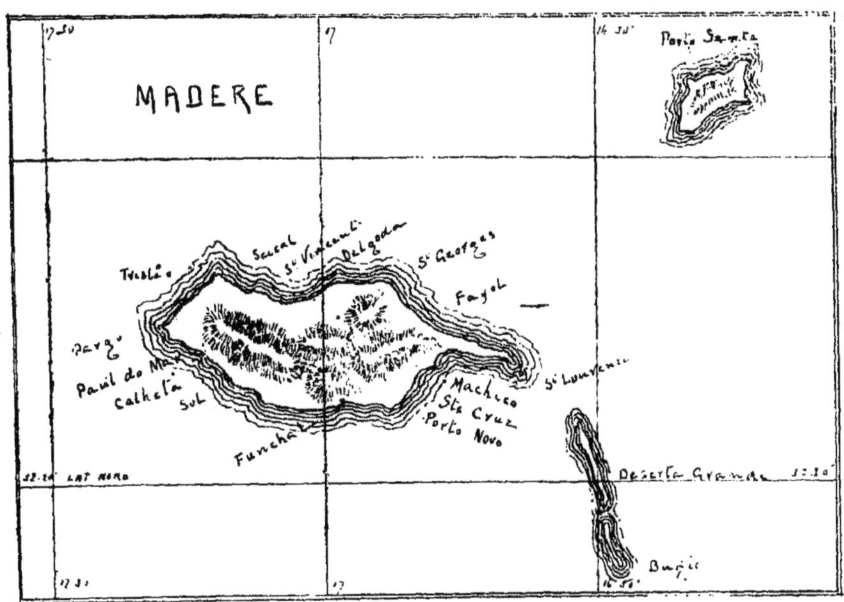

Carte de Madère.

Avec un tel climat et une végétation naturelle aussi abondante, il semblerait que l'agriculture aurait dû recevoir de grands développements. Mais c'est seulement sur la côte et dans quelques vallées qu'on rencontre des champs bien cultivés, et encore l'île ne fournit-elle qu'une quantité de grains équivalant à deux mois de consommation. En revanche, la vigne reçoit les plus grands soins, et il est inutile de parler de la qualité des vins qu'elle fournit. Ordinairement, les plants sont élevés, à l'aide de treillages en bambous, sur des espaliers de cinq à six pieds de hauteur, mais quelquefois on les fait grimper le long des troncs des arbres et sur leurs branches, ou on les taille en ceps comme en France. La vigne n'a malheureusement pas échappé aux ravages du phylloxera. Elle est plantée à une grande profondeur, de sorte que les racines puissent aller chercher dans le sol l'humidité dont elles ont besoin et qui est retenue dans les feuilles par l'ombre projetée par la plante elle-même. La Cama de Lobos, une vallée située au milieu de l'île, produit les raisins de Malvoisie. Le commerce des vins, jadis si florissant, est devenu comparativement restreint ; j'entends parler du commerce légitime qui a pour objet la fabrication et l'exportation des vins purs de Madère. La récolte annuelle ne fournit plus que 9,000 ou 10,000 pipes de 400 litres chacune, ce qui est à peine le quart des récoltes d'autrefois. Pour suppléer à la quantité, on s'attaque à la qualité, et les vins de Madère sont généralement falsifiés avec des vins blancs de Portugal et d'Espagne, et même avec du cidre ou du poiré, et le sucre et l'alcool qu'on y ajoute sont supposés masquer la fraude et conserver le vin assez longtemps pour permettre de s'en débarrasser. Le vrai vin de Madère est aujourd'hui une rareté dans le commerce.

La faune de Madère est très pauvre. Parmi les quadrupèdes, le lapin est le seul qui existe à l'état sauvage, et les animaux domestiques sont restreints à la chèvre, au cochon, à un petit nombre de bêtes à cornes, au mulet, à l'âne, et à quelques petits chevaux de selle. Ce dernier animal n'est employé que très rarement comme bête de trait. Parmi les oiseaux, on rencontre le coq de bruyère, la perdrix, la caille, le moineau franc, et aussi l'épervier et le milan.

Quant au sol, comme je l'ai déjà dit, il est volcanique. Sur la côte, les falaises sont recouvertes d'une lave généralement blanche, quoique noire sur quelques points ; mais sur les hauteurs, cette lave disparaît et fait place aux schistes et aux quartz. Le basalte abonde partout et se présente sous des formes très diverses. La terre végétale n'apparaît que le long des côtes et dans les vallées où sont bâtis les villages de l'île. Quelquefois cependant, on la rencontre sur le versant des collines, où elle est retenue, comme à Malte, par des terrassements en pierre.

On dit qu'au moment de la découverte de Madère, l'île était entièrement couverte de grands arbres, mais cela semble fort improbable, l'absence comparative de terre végétale s'opposant à leur croissance en grand nombre. Cependant, à une certaine époque, l'île était beaucoup plus abondamment boisée qu'elle ne l'est aujourd'hui, et ce déboisement graduel est dû aux coupes continuelles nécessitées par les besoins de la population. L'*eucalyptus globulus* a été introduit depuis plusieurs années à Madère où il réussit parfaitement. Les arbres les plus communs sont le noyer, le châtaigner, le chêne, et les arbres à fruits d'Europe et des tropiques. Ces arbres croissent généralement dans les vallées ou sur les versants inférieurs des montagnes ; sur les points les plus élevés, on rencontre le sapin, l'if, le laurier rose, et principalement d'énormes bruyères et des genêts entremêlés de millions de fougères.

Les habitants sont forts et vivent frugalement. Les paysans sont pour la plupart quasi propriétaires du sol qu'ils cultivent ; c'est-à-dire qu'ils ne peuvent en être chassés à la volonté du seigneur, lequel ne peut pas non plus augmenter le loyer, sans avoir préalablement remboursé à son tenancier la valeur des améliorations de toute nature qu'il a pu faire durant son occupation. Cette coutume est juste et humaine, et quoique pauvre, le paysan de Madère n'est pas mécontent de son sort. Au recensement de 1883, la population de l'île s'élevait à 133,955 habitants.

L'eau est abondante et pure. Les sources sont nombreuses et entretiennent constamment les torrents ou *levadas* qui descendent des pics les plus élevés le long des ravins. Ces torrents servent à l'irrigation des vallées où se trouvent les champs cultivés. Les villages sont invariablement situés sur les côtes, à l'extrémité des vallées dont le sol est fertile, mais sur tous les points où il est possible de cultiver la terre, s'élèvent des *quintas* ou maison de campagne, ou des huttes de paysans.

La capitale de l'île est Funchal, située dans la baie du même nom, qui n'est sûre que pendant certains mois de l'année. Durant l'hiver les navires sont contraints,

BAIE DE FUNCHAL

dès qu'une tempête du Sud-Est est prévue, de lever l'ancre et de rester au large jusqu'au retour du beau temps. La ville se déploie le long du rivage, sur une distance de près de deux kilomètres. Vue de la mer, Funchal offre un coup d'œil magnifique. Ses monuments et ses maisons d'une blancheur éclatante, forment un contraste frappant avec les vertes montagnes auxquelles ils sont adossés. Le Loo, un rocher quadrangulaire, solitairement assis dans la baie et dont le sommet est surmonté d'une immense tour ronde de 80 pieds de hauteur, ajoute à la grandeur du tableau. Les rues de la ville sont étroites, mais maintenant assez bien pavées ; elles n'admettent pas la circulation des voitures à roues, et le seul moyen de transport est un espèce de traîneau fort bas auquel on attelle une paire de bœufs. Le palais du gouvernement se trouve dans le fort Lorenço qui domine la baie, et tout près se trouve le Terceiro da Se, une charmante promenade de peu d'étendue, mais ombragée par plusieurs rangées d'arbres, principalement des daturas et des magnoliers. La population se compose d'environ 30,000h abitants.

Quoique le port de Funchal ne soit à proprement parler qu'une rade foraine, il voit venir dans ses eaux, partout profondes, de 600 à 700 bâtiments par an. La moitié au moins sont de gros vapeurs qui vont y faire du charbon et se ravitailler, ou prendre leurs ordres de destination. Tous les vapeurs qui viennent du Cap de Bonne-Espérance, de la République Argentine ou du Brésil, y font régulièrement escale. Le cable télégraphique qui relie l'Europe à l'Amérique du Sud a un atterrissement dans l'île de Madère. Parmi les villages les plus importants sont Machico, dont j'ai déjà parlé et qui était dès le début le siège de la seconde capitainerie de l'île ; Saint-Vincent, en face duquel se dresse dans la mer un rocher conique creusé à l'intérieur et dont on a fait une chapelle ; Saint-Georges autour duquel se groupent de jolies maisons de campagne ; Fayal, bâti auprès du Penha d'Aguia ou Rocher de l'Aigle, dont la cime est entièrement plate ; Santa Cruz, dans une baie qui offre un assez bon ancrage, et enfin Moniz avec ses deux vieux forts et sa blanche église à demi cachée par les vignes.

PORTO SANTO est situé à quarante milles Nord Est de Madère, latitude 33° 3' 30" Nord, longitude 16° 20' 14" Ouest. Sa longueur extrême est de six milles et demi, et sa largeur moyenne de deux milles et demi ; sa circonférence est de dix-sept milles. L'île a une population d'environ 1,800 habitants. Les arbres y manquent presque entièrement ; mais en revanche, le sol est d'une grande fertilité et produit des grains et des légumes de toutes sortes, des fruits en abondance et des oranges exquises. De beaux pâturages nourrissent un grand nombre de bestiaux, et toutes les terres basses sont cultivées, malgré que l'eau soit rare et précieuse. Autrefois, elle était recueillie dans de vastes citernes en maçonnerie, placées sur le sommet des montagnes, et on voit encore les ruines de plusieurs de ces citernes sur le Pico do Castello, un rocher de 1,447 pieds de hauteur, qui n'est dépassé que par le Fachio et la Guadaya dont les sommets atteignent 1,600 pieds au-dessus du niveau de la mer.

Au Sud-Ouest se trouve l'île de Ferro, élevée de 380 pieds au-dessus du niveau de la mer, inhabitée et presque inaccessible ; et à l'extrémité méridionale est l'île Baixo, d'une longueur d'un mille et demi, qui contient de riches carrières de pierre à chaux, exploitées par le gouvernement dont elles sont la propriété.

Villa Baleira, la capitale de Porto Santo, est située au centre d'une baie au Sud-Est, elle est protégée par une batterie. Christophe Colomb, après son mariage, l'habita pendant quelques années, et c'est là que naquit Diego, son fils aîné.

LA PASSE D'ESTROZA (Madère).

LES DESERTAS sont trois rochers situés dans l'Atlantique au Sud-Est de Madère, latitude 32° 31' 18' Nord, longitude 16° 30' 45" Ouest. L'île du Nord, Châo, a une longueur de neuf dixièmes de mille et une largeur d'un quart de mille. A l'extrémité Nord se trouve un rocher détaché nommé le Furrilhao, qui ressemble de loin à un navire sous voiles. L'île centrale, Deserta Grande, a six milles et demi de longueur et un mille de largeur ; elle est séparée de la précédente par un chenal qui n'a que 900 pieds de largeur. A deux milles Nord s'élève un roc détaché, Ponta de Pedregal, de 1,200 pieds de hauteur. Bugio, l'île méridionale, a quatre milles et demi de longueur mais à peine un demi-mille de largeur.

Ces trois îles ne sont pas habitées d'une façon permanente; elles contiennent quelques huttes qui servent à l'occasion d'abris aux gens de Madère qui s'y rendent de temps à autre pour faire paître quelques bêtes à cornes, ou pour y recueillir l'oreille qui y est très abondante.

Les Iles du Cap - Vert

Le Cap Vert fut découvert en 1445 par Denis Fernandez, un navigateur portugais, et c'est à ce promontoire, distant de 320 milles Est, que les îles qui nous occupent doivent leur nom. On en attribue la découverte, en 1449 ou 1450, à Antonio Noli, un Génois au service du Portugal. Le groupe se compose de dix îles principales et de plusieurs ilots, situés entre les latitudes 14' 43' et 17° 13' Nord, et les longitudes 22° 28' et 25° 27' Ouest. La population (1881) est de 110,926 habitants. En 1883, les importations se sont élevées à 5,829,100 francs et les exportations à 1 million 135,000 francs,

Les dix îles principales sont : Sal, Boavista, Maio, Saint-Jean, Fogo, Brava, Saint-Nicolas, Sainte-Lucie, Saint-Vincent et Saint-Antoine. La plus importante est l'île Saint-Jean, dans laquelle se trouve le siège du gouvernement. Dans son ensemble, l'archipel, dont l'origine est entièrement volcanique, est peu fertile et insalubre ; la chaleur est intense de novembre à juillet ; le climat est humide et brumeux durant les autres mois. Cette brume dont les îles du Cap Vert sont souvent enveloppées est occasionnée par le Harmattan, un vent extraordinaire qui souffle de la côte occidentale d'Afrique. Ce vent ressemble au Sirocco et aussi au Levanter de l'archipel grec; mais au lieu d'être brûlant comme le Sirocco, il est comparativement frais. Il vient toujours de la terre ; et aux îles du Cap Vert, il semble se rencontrer avec les vents alizés du nord-est, soufflant presque sans interruption de janvier à avril.

Le Harmattan exerce une influence funeste sur les plantes ; quand il passe, les arbres perdent leurs feuilles et les herbes se dessèchent. Pour les Européens il est sans danger, et la saison durant laquelle il règne est la moins insalubre de l'année. Les indigènes en sont souvent incommodés, mais il ne produit jamais aucun dérangement sérieux. L'opinion de plusieurs est que le Harmattan, en passant sur les déserts d'Afrique, recueille une immense quantité de poussière et de sable qui suffit pour produire une atmosphère brumeuse, rendant la terre invisible à une distance de moins de cinq milles.

Les expériences et les études d'Ehrenberg tendent à démontrer que l'origine de ce vent a été généralement méconnue. Il assure que le microscope lui a révélé le fait que cette poussière, recueillie aux Iles du Cap Vert, se compose d'infusoria et d'organismes dont l'habitat, loin d'être en Afrique, se trouve dans l'Amérique du Sud.

et que, par conséquent, elle est apportée dans ces îles per les vents alizés du sud-est. L'imagination peut à peine comprendre que de la poussière, si ténue qu'elle puisse être, soit ainsi transportée à une aussi énorme distance, mais jusqu'à présent aucune solution n'a été trouvée à ce singulier phénomène, et l'hypothèse d'Ehrenberg peut être aussi raisonnable que toute autre. Elle a au moins le mérite de s'appuyer sur des données scientifiques qui peuvent être erronées mais qui n'ont pas encore été réfutées.

L'île de SAL, la plus septentrionale de l'archipel, latitude 16° 45' Nord, longitude 23° Ouest, a vingt milles de longueur et cinq milles de largeur au centre. Elle est très montagneuse, surtout du côté de l'est. Le Pic de Martinez au nord-est à 1,340 pieds de hauteur, et souvent on l'aperçoit en mer à 60 milles de distance. Cette île n'est plus habitée ; elle ne produit que du sel, et le sol est si aride qu'il n'y existe ni arbres ni herbages, toute la végétation se composant d'orseille et de quelques misérables arbustes.

Une colonie d'aigles s'y est établie et s'y nourrit d'une façon singulière. Comme l'île ne contient aucun animal, excepté des oiseaux de mer, les aigles doivent recourir à la ruse pour subvenir à leurs besoins. Leurs voisins, les oiseaux de mer, ayant un vol plus rapide, et du reste pouvant toujours au besoin se laisser choir sur l'eau, les aigles se perchent simplement sur un rocher et surveillent avec le plus grand calme les oiseaux de mer qui se livrent à la pêche. Dès que ceux-ci ont réussi à happer un poisson, ils se dirigent vers la terre pour le manger. L'aigle alors déploie ses ailes ; il s'élance à la poursuite, et bientôt le poisson tombe du bec de l'oiseau de mer terrifié qui doit recommencer à pêcher, tandis que l'aigle dévore tranquillement le butin. Les deux espèces vivent d'ailleurs en paix, et les aigles se garderaient bien de nuire à ceux qui travaillent tous les jours pour eux et sans l'aide desquels ils ne pourraient vivre.

Le seul objet intéressant de Sal est une colline de 150 pieds de hauteur, dont le sommet renferme un étang d'eau salée de forme circulaire.

La baie de Mordeira a plus d'une lieue d'étendue ; elle offre un très bon ancrage quand soufflent les vents du nord-est. Les poissons et les tortues y abondent, mais l'eau douce manque absolument.

BOAVISTA est éloignée de 21 milles sud par est de l'île de Sal ; elle est la plus rapprochée de la côte d'Afrique. Sa latitude est 16° 5' Nord, et sa longitude 22° 48' Ouest. Elle a 16 milles de longueur sur autant de largeur. Sa forme irrégulière est presque octogone. Une chaîne de collines, alternant avec des vallées, la divise en deux parties égales. Le sol semble perdre graduellement sa fertilité, et le sel est le principal article d'échange entre les indigènes et les équipages des navires qui cherchent un abri dans la Rade Anglaise où se trouve le principal centre de population. Cette île renferme environ 3,000 habitants.

L'île de MAIO, latitude 15° 19' Nord, longitude 23° 12' Ouest, se compose principalement de plateaux très élevés et dominés par trois montagnes situées dans l'intérieur. Elle a une circonférence de 21 milles. Le sol est très aride ; cependant quelques troupeaux y trouvent leur nourriture. Il n'y a qu'une seule source d'eau fraîche dans toute l'île. Le sel est un article de commerce assez important. Les indigènes sont de race noire.

SAINT-JEAN, la principale et la plus grande des îles du Cap-Vert, latitude 15° 1' Nord, longitude 23° 26' Ouest, a une longueur de 35 milles et une largeur de 17. Elle est peuplée de plus de 30,000 habitants. L'île est très élevée, et le Pic Saint-Antoine, une montagne de forme conique, a 4.720 pieds de hauteur. Sa capitale, Praya, est bâtie sur une éminence, et deux forts construits à l'est commandent la rade.

Les côtes ne donnent aucune idée de la beauté et de la fertilité de l'intérieur qui fournit des quantités de grains, de légumes et de fruits. Les pluies sont assez abondantes, surtout dans la partie méridionale, de juillet à septembre ; pendant ces trois mois, les habitants sont sujets à des fièvres dangereuses. Autrement, l'air est très sec, quoique une légère brume soit très prévalente. Le climat forme un contraste remarquable avec celui du Sénégal, qui se trouve cependant dans la même parallèle, et où les pluies sont fréquentes durant la saison d'hiver. A Saint-Jean, quand le temps est beau, les brises de terre et de mer alternent avec la plus grande régularité ; la brise de mer dure de midi à quatre ou cinq heures ; le vent du Nord-Est s'élève dans la soirée et souffle toute la nuit.

L'eau potable a été conduite d'un puits situé à l'intérieur, au moyen d'un aqueduc, jusqu'à la baie de Praya, et les navires qui y relâchent peuvent s'en procurer une provision facilement et à bon marché.

Saint-Jean ou Ribeira Grande était autrefois la capitale de l'île ; l'évêque y réside encore. Elle est située à six mille de Praya. Comme les navires étrangers ont complètement cessé de relâcher dans la baie, le gouverneur demeure à Praya pendant la belle saison. Ribeira Grande est composée de trois rues et d'une place sur laquelle se trouvent la douane, les casernes, la prison et d'autres bâtiments. L'église et les magasins se trouvent à l'ouest du fort.

FOGO, latitude 15°1'30" Nord, longitude 24°21'30" Ouest, est la plus élevée des îles. Elle a environ quinze milles de longueur et est presque circulaire, avec un pic de 9,700 pieds de hauteur qui est en fait un volcan, maintenant inactif, mais dont les éruptions ont souvent forcé les habitants à quitter l'île. Son sommet est généralement perdu dans les nuages. Le climat est salubre. Quoique l'eau soit rare, l'île est fertile et produit en abondance du maïs et des fèves, ainsi que de l'orseille qui croît partout sur les rochers. Les habitants sont industrieux et tissent des cotonnades qu'on exporte sur les marchés de la Guinée et sur ceux des autres îles.

La capitale est Nossa Senhora da Luz, une petite ville située à l'ouest, à un demi-mille de la mer.

BRAVA est aussi très élevée ; ses montagnes entassées les unes sur les autres affectent une forme pyramidale. Elle contient environ 2,000 habitants. Sa latitude est 14°48' Nord, sa longitude 23°43'34" Ouest. Elle est constamment enveloppée dans une brume épaisse. Cependant le climat est sain, et pour cette raison le gouverneur des îles du Cap-Vert y réside parfois. Brava a un commerce important de sel et de salpêtre. La baie de Furna, au nord-est, peut être considérée comme un bon port, et les hauteurs qui l'environnent presque de tous les côtés la protègent des vents les plus violents. L'île produit du grain, des fruits et du bétail.

A cinq milles nord-nord-est se trouvent les Rombos, deux îlots réunis par une chaîne de rocs moins élevés et formant ainsi un croissant. Celui de l'ouest est élevé et se termine par un piton conique.

SAINT-NICOLAS, latitude 16°42' Nord, longitude 24°20'30" Ouest, est remarquable par le pic en forme de pain de sucre qui s'élève au centre, ainsi que par le

Monte Gordon à l'ouest. Ces deux montagnes peuvent être aperçues à une distance de 45 milles. L'île est fertile, et c'est la plus agréable du groupe. Dans la baie de Saint-Georges se trouve un village, et c'est là qu'est le centre de tout le commerce de l'île. Mais pour obtenir de l'eau, les navires doivent se rendre dans la baie de Preguizo où se trouve un étang alimenté par les montagnes voisines; et encore doivent-ils choisir l'époque de la morte-eau, car quand la lune est nouvelle ou à son plein, les marées de cinq à six pied submergent entièrement l'étang. La douane se trouve dans la baie de Terralal; là on peut aisément obtenir de l'eau potable en creusant un puits dans les terres basses.

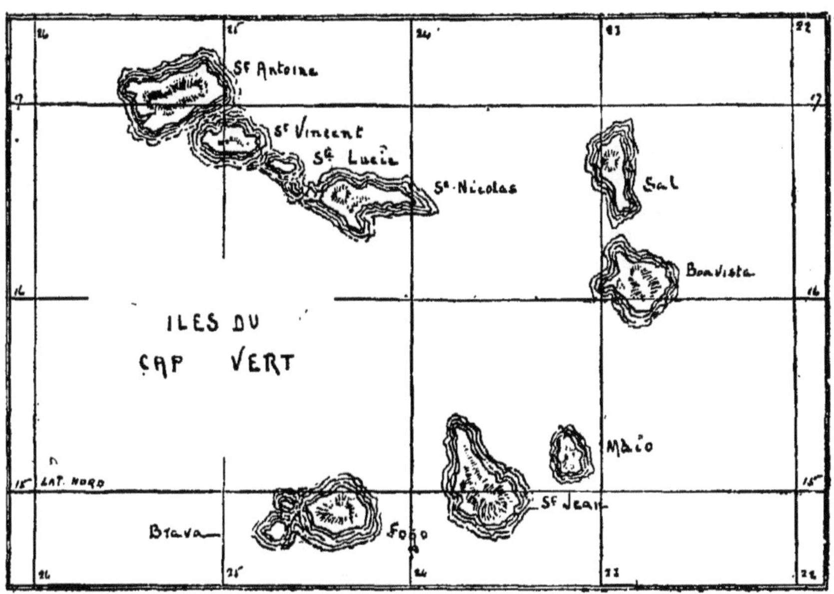

Carte des Iles du Cap-Vert

Mais l'eau est généralement rare dans l'île, et partout où elle existe on a soin de l'économiser et de lui faire rendre le plus de services possibles. Ainsi, à Praya Branca, un village qui se trouve près du Monte Gardo, un ruisseau qui descend de la montagne est encaissé par des murs en pierres de trois pieds de haut formant un escalier, de sorte que le sol peut être irrigué à l'endroit désiré en construisant une digue temporaire et en dirigeant l'eau au moyen d'un petit canal.

À Saint-Nicolas, la vigne donne deux récoltes par an; le maïs sert à faire le pain, et la canne à sucre est mangée par les indigènes dans son état naturel. Le Monte Gardo est entièrement composé de matières volcaniques, et tellement poreux et friable qu'il n'a aucune cohésion. Il est couvert de végétation, même jusqu'à son sommet, qui s'élève à 4,380 pieds au-dessus de la mer. L'euphorbe croît jusqu'à une hauteur de 3,700 pieds, mais cet arbuste n'atteint nulle part plus de dix à douze pieds. Les habitants s'en servent comme de bois de chauffage.

SAINTE-LUCIE, latitude 16° 46′ Nord, longitude 24° 42′ Ouest, a huit milles de longueur et trois de largeur. Elle produit de l'orseille et du coton sauvage. — RAZA, autrefois connue sous le nom de Chaon ou d'île du Chien, n'est qu'un îlot stérile et inhabité de deux milles de longueur sur un mille et demi de largeur. — BRANCO, désigné dans les vieilles cartes sous le nom de Redonda, est plus élevé que Raza. Mais ce n'est qu'un étroit îlot de deux milles et demi de longueur. On y trouve un puits d'eau douce.

SAINT-VINCENT, latitude 16°54′ 42″ Nord, longitude 25 1 15″ Ouest, est éloigné de quatre milles de Sainte-Lucie. L'île a onze milles de longueur et six de largeur. Deux chaînes de montagnes occupent l'intérieur, l'une au nord-est, l'autre au sud-ouest; elles forment une vallée centrale se terminant à la baie de Porto Grande au nord-ouest. Elle est très montagneuse, mais les sommets forment de vastes plateaux, surtout aux points les plus élevés. La côte est dentelée de petites baies, offrant pour la plupart des ancrages commode, mais celle de Porto Grande à l'ouest est la plus vaste et la plus sûre; elle peut contenir à la fois 300 navires de fort tonnage. C'est une station excellente où les équipages peuvent s'acclimater avant d'affronter les périls qui les attendent sur la côte d'Afrique, et où les navires peuvent réparer leurs avaries. L'eau n'est pas abondante, mais elle suffit aux besoins journaliers. A l'entrée de la baie se trouve un îlot remarquable qui a la forme d'un pain de sucre.

La ville de Porto Grande est située dans cette baie et se composait autrefois d'une centaine de maisons ou de huttes. Mais depuis que les navires à vapeur y font escale pour prendre du charbon et recevoir leurs ordres de destination, elle a acquis une assez grande importance qui ne fera que s'accroître avec le temps. Porto Grande est un port franc, ce qui ne contribue pas peu à y attirer les navires. Le câble télégraphique qui relie l'Amerique du Sud au Portugal y a un atterrissement.

La manière dont le charbon est transporté du dépôt au point d'embarquement est très singulière : une rangée de poteaux semblables à ceux qui servent à supporter les fils télégraphiques, et placés à environ quatre mètres les uns des autres, ont à leur extrémité des roulettes en fer sur lesquelles voyage un long fil de fer sans fin auquel sont suspendus des baquets en métal contenant le charbon. Ces baquets suivent automatiquement un plan incliné, à l'extrémité duquel ils font bascule et déchargent leur charbon; quand ils sont vides, ils complètent le circuit en remontant jusqu'au dépôt où ils sont chargés de nouveau.

La petite ville de Porto Grande est donc très souvent fort animée, et les habitants, principalement des nègres, y trouvent toujours de l'occupation.

Le climat de Saint-Vincent est plus salubre que celui des autres îles, et les malades y viennent de la côte d'Afrique pour se guérir de la fièvre ou y mourir. Un cimetière, situé derrière la ville, et dont l'entrée est surmontée de l'aigle américaine, contient les tombes de beaucoup de ces malheureuses victimes d'un climat meurtrier. La végétation est restreinte à quelques maigres arbustes, euphorbes ou cactus, croissant çà et là; des herbages grossiers nourrissent à grand'peine quelques troupeaux de bêtes à cornes. L'indigo croît cependant partout à l'état sauvage, et le coton, quoique planté par les habitants, ne reçoit guère de soins. Sur les versants des montagnes, là où se trouve un cours d'eau, on réussit à établir quelques jardins, dans lesquels sont cultivés des légumes et des arbres fruitiers; parmi ces derniers, la vigne semble réussir le mieux.

Au sud-ouest se trouve la baie de Saint-Pierre, fréquentée par les baleiniers américains, qui y trouvent de l'eau et du bois en abondance.

SAINT-ANTOINE, latitude 17° 12'Nord, longitude 25° 5'7" ouest, a vingt-deux milles de longueur et onze de largeur. L'île est très élevée, et son pic principal est à 7,400 pieds au-dessus du niveau de la mer. Quand l'atmosphère est claire, on peut le distinguer à 90 milles de distance ; mais le plus souvent, cette montagne, ainsi que le Pain-de-Sucre, à l'ouest, est environnée de nuages. Saint-Antoine est entièrement composé de montagnes qui semblent avoir été jetées les unes sur les autres ; celles du centre sont des rochers de basalte stratifié, avec des colonnes épaisses qui montent perpendiculairement jusqu'à leurs sommets. Près de la côte sud-est est un îlot entièrement isolé, dont les colonnes basaltiques rappellent celles du Giant's Causeway ou des grottes de Staffa.

Saint-Antoine est cependant très fertile et produit de belles récoltes de grains et de coton ; l'oseille y est très abondante. La population se compose d'environ 4,000 habitants. Dans la baie de Terrafal se trouve un excellent ancrage, et quels que soient le vent et l'état de la mer au large, un calme complet y règne toujours, tant elle est bien protégée par les hauteurs qui l'environnent. Un torrent descend des montagnes et n'est jamais à sec ; il est conduit artificiellement dans un étang ou réservoir, et les navires qui entrent dans la baie sont toujours certains d'y trouver un approvisionnement d'eau potable.

La Guinée Portugaise et les Iles Bissagos

Des évènements récents ont attiré l'attention de l'Europe sur le Portugal et ses colonies africaines. En Angleterre surtout, ce n'est guère que par acquit de conscience que l'on reconnaît les immenses services rendus au quinzième siècle par les navigateurs portugais ; mais soit ignorance, soit mauvaise foi, on parle rarement des découvertes que les voyageurs portugais n'ont pas cessé de faire en Afrique dans les temps modernes. On se plaît à croire et à répéter que l'influence du Portugal sur ce grand continent ne se fait sentir que sur les points de la côte qui sont réellement protégés par ses troupes et ses canons ; mais si les travaux des explorateurs portugais sont ignorés, même de la plupart de ceux que les questions coloniales intéressent, la cause en est que la langue portugaise est familière à peu de personnes, et que la presse anglaise observe un mutisme presque absolu sur ces découvertes, ou dénature souvent l'objet qu'avaient en vue ceux auxquels en revient l'honneur.

Bien des fois, depuis le commencement de ce siècle, les voyageurs portugais ont traversé le continent africain d'une mer à l'autre. En 1802, le colonel Honorato da Costa, alors gouverneur du royaume d'Angola, envoya une expédition qui, partie de Saint-Paul de Loanda, arriva à Tété en 1811, après avoir traversé les bassins du Kassai, du Luabala, du Luapula, du Bangouelo-Bemba et du Loangoua. En 1805, le R. P. Cannecatim explora la province d'Angola et publia plusieurs ouvrages remarquables sur la langue du pays. De 1831 à 1832, Monteiro et Gamitto visitèrent les régions des lacs Nyassa, Bengouelo-Bemba et Moero, et de la rivière Zambèse. Le voyage du major Francisco Coimbra à travers l'Afrique, de Mozambique à Benguella, entrepris en 1838, ne se termina que dix ans plus tard.

De 1843 à 1847, Joaquim Rodrigues Graça visita les immenses territoires qui s'étendent de Golongo à Bihé, et se rendant ensuite à Lunda, continua son voyage jusqu'à l'extrémité orientale du bassin du Kassai. De 1852 à 1856, et même antérieurement, Silva Porto conduisit plusieurs expéditions dans l'intérieur de l'Afrique ; il explora les contrées entre la vallée du Kouanza et celle de Liambyé sur le Zambèse supérieur, et visita les pays qui se trouvent entre le bassin du Zambèse et celui du Congo. Il se dirigea ensuite vers le sud du lac Nyassa, et traversa diagnonalement les régions qui se trouvent entre ce lac, le Rovuma et la mer. En 1855 et 1856, Montanha et Teixeira, partis de Inhambané, sur la côte de l'Océan Indien, explorèrent les pays qui se trouvent entre cette côte et le Limpopo, et ne s'arrêtèrent qu'à la frontière septentrionale du Transvaal. En 1877, le gouvernement portugais envoya plusieurs expédiions scientifiques qui recueillirent d'intéressans et utiles matériaux et initièrent les importants travaux dont les résultats ont été de nouvelles routes, des chemins de fer, etc.

Les voyages du major Serpa Pinto, en 1877 et 1878, sont connus de tous; il traversa le continent africain de Benguella à Bihé ; de là il atteignit le Zambèse supérieur par les affluents du Kouando; puis il se rendit aux lacs situés au nord du Kalahari, et enfin il traversa le Bechuanaland et aboutit au Transvaal et au Natal. En 1883, Antonio Cardoso explora les contrées qui s'étendent entre les rivières Savé et Buzi, contrées dans lesquelles Paiva d'Andrade se trouvait depuis l'année 1880. En 1884 et 1885, Capello et Ivens traversèrent l'Afrique d'une mer à l'autre, partant de Mossamédès et arrivant à Quilimane. De 1884 à 1888, Carvalho et Marques explorèrent les territoires entre le Kouanza et le Kassai dans le Lunda, et de 1885 à 1886, Augusto Cardoso se rendit d'Ibo au Zambèse, en passant par le lac Nyassa et le Chiré. Chacun connait la dernière expédition du major Serpa Pinto, dont le résultat a été la malheureuse dispute entre le Portugal et l'Angleterre.

Je suis loin de vouloir déprécier les travaux de Livingstone ou ceux de Stanley, mais laissant à ces hommes toute leur gloire, est-il permis de refuser aux explorateurs portugais modernes un tribut d'admiration pour la persévérance et le courage qu'il ont montrés dans leurs périlleux voyages, et peut-on nier qu'ils aient enrichi la science géographique de nombreuses et utiles découvertes?

Il est encore de mode en Angleterre de rendre les Portugais responsables de la traite des noirs ; mais sans m'étendre longuement sur ce pénible sujet, sans parler de la culpabilité qui pèse sur ceux qui sont les soutiens avoués du sultan de Zanzibar, je me bornerai à signaler une brochure publiée à Lisbonne l'année dernière, laquelle rétablit entièrement la vérité et montre que les accusateurs sont souvent les plus coupables. (1) L'auteur, M. Carvalho, a le droit de se faire entendre, car il est resté avec M. Marques, pendant quatre années, dans les districts dont il parle. Il ne craint pas de conseiller au gouvernement de l'Etat libre du Congo d'imiter le Portugal dans son traitement des indigènes, et il va jusqu'à accuser ce gouvernement de tolérer et de protéger la traite des esclaves, qui sont vendus à Tippu Tib ou à ses agents, et qui sont conduits les mains liées au dos et la chaîne au cou, jusqu'à la côte *orientale* d'Afrique.

---

(1) *L'influence de la civilisation et la colonisation latine et surtout portugaise en Afrique.* Lettre à S. M. le roi des Belges.

Livingstone s'est toujours plu à rendre justice à la manière dont les Portugais raitent les tribus qui leur sont soumises ou celles qui habitent le voisinage de leurs possessions en Afrique. « Plusieurs gouverneurs de Loanda, dit-il, ont insisté sur l'observation d'une loi qui, pour des motifs d'humanité, interdit aux Portugais de passer les frontières. Ils semblent en être arrivés à la conclusion que, dans le cas où le trafiquant de race blanche est tué, l'agression est venue de son côté, et ils ont désiré éviter la nécessité de punir ceux qui ont été provoqués à verser le sang portugais. Ceci indique une impartialité bien plus grande que celle que nous montrons dans nos relations avec les Caffres, car nous avons entrepris contre eux des guerres très coûteuses, sans jamais nous enquérir si la première faute n'était pas du côté des colons des frontières... Si ces colons avaient la certitude absolue que notre gouvernement refuserait de les soutenir dans leur arrogance, il est probable que nous entendrions moins parler de l'insolence des Caffres ».

Toutes les tribus qui ont été conquises par les Portugais se distinguent par leur aménité, je parle de celles qui sont éloignées de la côte, et même de celles qui n'ont fait que reconnaître la suzeraineté du Portugal. Il est rare de rencontrer dans le royaume d'Angola un métis entièrement dépourvu d'éducation, et dans le district d'Ambaca, à 140 milles de Saint Paul de Loanda, la grande majorité de la population noire sait lire et écrire. Cependant il n'y a ni prêtres ni maîtres d'école dans ce district qui compte plus de 40,000 habitants. « C'est le fruit, dit Livingstone, des travaux des jésuites et des pères capucins, car ils ont semé l'éducation parmi le peuple d'Ambaca, et depuis leur expulsion par le marquis de Pombal, les indigènes ont continué à s'enseigner les uns les autres ».

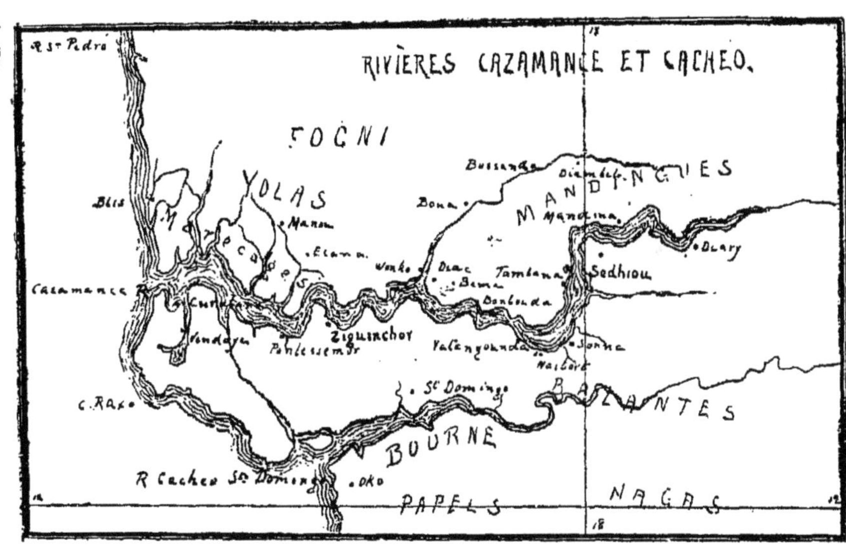

Carte des Rivières Casamance et Cacheo

La rivière Casamanza, dont l'embouchure est située lat. 12° 34' N. long. 6° 50' O., serait probablement un des cours d'eau les plus importants de l'Afrique occidentale, si son entrée n'était obstruée par un banc qui arrête les navires de fort tonnage. Il n'existe dans le lit de la rivière qu'un chenal fort étroit qui suffit à peine à la navigation des navires dont le tirant d'eau n'excède pas trois mètres. Les Portugais se sont établis sur les rives fertiles de cette rivière, et leur principal établissement est Zinghicor, à 45 milles de l'embouchure de la rivière où nous avons nous-mêmes une station. Une fois entré dans la rivière, les navires peuvent la remonter bien au-delà des établissements européens, et un commerce assez actif avec les indigènes s'est développé en peaux, ivoire, bois de teinture et autres produits.

Le Cachao est une des embouchures du Jeba et reçoit aussi une partie des eaux de la rivière Casamanza. A quelques milles de son embouchure, lat. 12° 13' N., long. 16° 17' O., se trouve un établissement portugais, portant le même nom de Cachao, habité par 500 ou 600 âmes. C'est la station principale des Portugais dans la Sénégambie ; elle dépend du gouvernement des îles du Cap-Vert. Le port est défendu par des batteries, et un fort a été construit près de la ville. Le commerce avec les indigènes a quelque importance ; il consiste principalement en paillettes d'or, ivoire, et divers produits du pays qui est très fertile et abondamment peuplé de Mandingues, de Peuls et de Saracolets. Les Mandingues sont musulmans, mais ils vivent en bonne intelligence avec les autres tribus, parmi lesquelles se trouvent beaucoup de chrétiens.

Dans le delta formé par le Jeba, le Rio Grande et le Cassini, se trouve l'archipel des Bissagos, comprenant une vingtaine d'îles situées entre les latitudes 10° et 12° N. et les longitudes 15° 30' et 16° 30' O. L'archipel est divisé en deux parties, par le détroit de Jeba au Nord et celui d'Orango au Sud-Est. Les habitants appartiennent à une race toute différente de celles qu'on rencontre sur le continent ; leur taille est élevée, et ils ont peu en commun avec la race noire proprement dite, si ce n'est la couleur de leur peau.

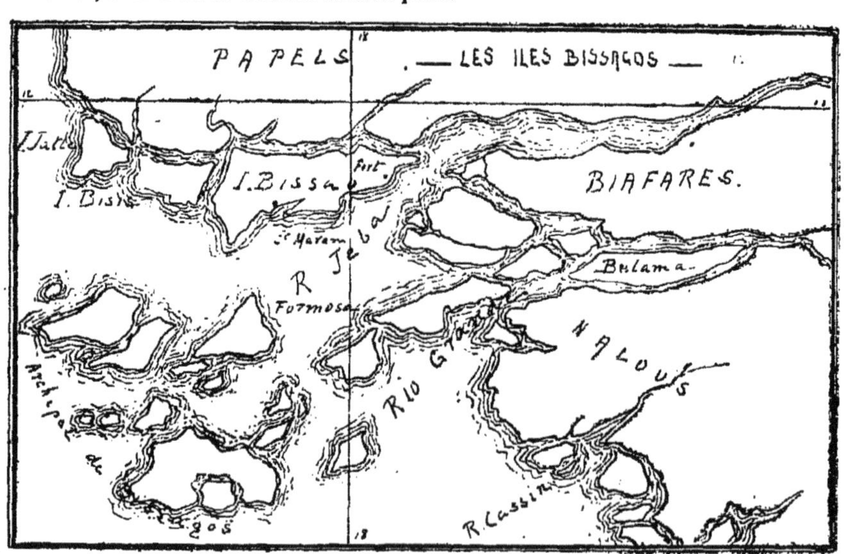

Carte des Iles Bissagos

Le groupe occidental se compose des îles les moins connues, dont les principales sont Orango, Kanabak, Formosa, Corbelha et Carache. Orango, la plus grande, a 20 milles de longueur sur 10 milles de largeur. Toutes ces îles sont d'origine volcanique, et le sol est très fertile, quoique l'eau soit rare dans certaines d'entre elles, notamment Formosa. Elles sont entourées de rochers à fleur d'eau et la mer est généralement peu profonde, ce qui fait qu'il est presque impossible de s'en approcher, autrement que dans des canots.

L'autre groupe est beaucoup plus rapproché de la terre. Il se compose des îles Bissao, Bassis et Jatt au nord de la rivière Jeba, et des îles Bissagua, Biafares, Bulama, Bossessami Manteri et plusieurs autres, à l'embouchure du Rio Grande.

Les Portugais sont établis dans ces parages depuis deux siècles. Leur principale station se trouve dans l'île de Bissao, située à l'embouchure du Jeba, lat. 11° 52' N., long. 15° 37' O. La ville occupe l'emplacement de l'ancienne forteresse, dont il ne reste plus maintenant qu'un fort carré flanqué de quatre bastions. L'ancrage de Bissao est situé entre cette île et l'îlot du Roi, et est très sûr par tous les temps. Mais le port n'abrite généralement que quelques navires de cabotage, et la station, autrefois très importante, a beaucoup périclité durant ces dernières années. Le commerce est peu actif, les articles d'exportation étant principalement les arachides, la cire, le caoutchouc et la gomme. La garnison se compose d'environ 300 hommes, principalement condamnés à la déportation, mais comandés par des officiers envoyés périodiquement des îles du Cap Vert.

L'île de Bulama n'est séparée de Bissao que par un détroit connu sous le nom du Caroa. Cette île est aussi occupée par les Portugais, qui l'ont longtemps disputée à l'Angleterre et ont fini par en rester maîtres. Sa position à l'embouchure du Rio Grande, qui peut être navigué à une grande distance, son excellent ancrage et son approche facile, en font une des stations les plus importantes de la côte occidentale d'Afrique. En 1792, une Compagnie anglaise y envoya, sous le commandement du capitaine Beaver, 275 colons qui s'établirent sur la côte Est de l'île et fondèrent une ville qu'ils appelèrent Port Beaver et sur l'emplacement de laquelle se trouve la ville de Bulama, qui est le siège du gouvernement de la Guinée portugaise.

Ces colons anglais, étant pour la plupart des gens sans aveu, périrent presque tous de débauche ou de maladie, et l'année suivante les quelques hommes qui avaient survécu furent embarqués pour Sierra Leone.

En 1820, un certain Gaetano Nozzolini, venant de la Havane, obtint du roi de Portugal la permission de s'établir à Bulama ; il y demeura jusqu'en 1838, époque à laquelle l'île fut visitée par le lieutenant Kellett, qui détruisit la factorerie de Nozzolini, sous prétexte qu'elle n'était qu'un dépôt d'esclaves. En 1840, le lieutenant Hill se rendit à Bissao, sur le *Saracen*, et menaça le gouverneur d'expulser de Bulama les Portugais qu'il y trouverait. Cette menace fut exécutée deux ans plus tard par le lieutenant Lapidge qui arriva devant Bulama sur le *Pantaloon* et occupa formellement l'île au nom de la reine d'Angleterre. Mais, en 1843, le gouverneur de Bissao, à la tête d'un détachement de troupes portugaises, débarqua à Bulama et amena le pavillon britannique. Des disputes subséquentes entre les deux gouvernements rendirent une solution nécessaire, et les Etats-Unis ayant été choisis pour arbitrer entre les deux parties, les droits du Portugal furent definitivement établis, et les Anglais évacuèrent, en 1886, Bulama Point, où ils avaient fondé un comptoir.

Le climat de Bulama est insalubre, mais l'île est d'une fertilité prodigieuse. Elle est presque entièrement cultivée, et les indigènes, que les Portugais sont parvenus à civiliser, sont très industrieux. Ils travaillent aux champs du matin au soir, et ils récoltent des arachides, du maïs, des fèves et du manioc. Ils cultivent aussi le cotonnier et tissent une étoffe grossière dont la largeur excède rarement douze centimètres. Leurs cabanes sont très proprement construites en argile séchée au soleil, et elles sont couvertes d'un toit de chaume.

La ville de Bulama est assez considérable, et possède quelques édifices importants, entre autres une caserne où peuvent se loger aisément les 200 hommes dont se compose la garnison. Le port est malcommode ; mais il y a deux ans, les Portugais ont commencé l'érection d'une jetée qui rendra l'embarquement des marchandises plus facile.

Bulama et Bissao sont des colonies pénales, ce qui, avec le climat malsain, empêche jusqu'à un certain point les colons libres de venir y chercher fortune. Les mois de juin, juillet et août sont les pires de l'année ; alors les cyclones sont très fréquents, et ils sont toujours accompagnés de pluies torrentielles ; mais des signes précurseurs en annoncent toujours l'approche, de sorte qu'il est facile de se garantir de leurs effets. Quelques-unes des autres îles sont beaucoup plus salubres que Bissao et Bulama, surtout celles qui sont plus éloignées de la côte. Les Portugais s'y établirent sans doute un jour, et cet archipel deviendra alors plus important que les îles du Cap Vert. Il est déjà relié à l'Europe et à l'Afrique par un câble télégraphique appartenant à la « West African Telegraph Company », qui a des stations à Bissao et à Bulama.

La Guinée portugaise, dont Bulama est maintenant la capitale, comprend quelques établissements sans grande importance sur la côte, au Sud de la rivière Gambie ; ces possessions ont une étendue totale d'environ 350 milles carrés et une population de 10.000 habitants.

A Wydah, dans le royaume de Dahomey, les Portugais ont établi une factorerie, qui comprend une partie de la ville et qui est protégée par le fort de Saint-Jean-Baptiste de Ajuda.

Pendant une certaine époque, les Portugais avaient obtenu un ascendant considérable sur l'esprit de Guézo, qui régna sur les Dahoméens de 1818 à 1858. Ils devaient entièrement cet avantage à F. de Souza, un négrier qui s'était établi dans le pays lorsque la traite se faisait encore. Souza était grandement aimé de Guézo, qui en fit son premier chacha, ou cabécère des blancs, et qui, à plus d'une reprise, lui accorda ses demandes qui tendaient généralement à la mitigation, sinon à l'abolition, des sacrifices humains et des punitions encourues pour des fautes sans importance. Au lieu de faire périr des prisonniers de guerre innocents dans les coutumes annuelles, le roi se contentait d'immoler des coupables, et encore le nombre en était-il plus restreint et l'exécution moins cruelle.

Malheureusement, la vie que menait Souza était loin d'être régulière, et il ne prêchait guère par l'exemple. Cependant, les efforts qu'il fit pour civiliser les Dahoméens et pour adoucir leurs mœurs furent reconnus par plus d'un gouvernement européen, et S. A. R. le Prince de Joinville, durant un voyage qu'il fit au Dahomey, sous le règne de Louis-Philippe, s'entretint longuement avec Souza, et comme marque de son appréciation lui fit cadeau d'une tabatière en argent ornée de son portrait.

Dans le fort portugais se trouve une église catholique qui est desservie par des prêtres de couleur envoyés de l'île de Saint-Thomé . Guézo , avait pris la résolution de recevoir le baptême et de se faire chrétien, mais lorsque les faux prêtres en eurent acquis la certitude, ils empoisonnèrent leur roi et rétablirent ensuite les horribles coutumes annuelles qui dépeuplent ce malheureux pays.

Les exportations de Wydah consistent principalement en huile de palmier, en grains, poivre, ivoire et beurre végétal. Wydah est divisé en sept ou huit villes distinctes : la ville française, la ville anglaise, la ville portugaise, la ville du Chacha, dans laquelle se trouve le fort d'Ajuda, la ville des Africains libérés, la nouvelle ville à l'Est, et le Marché, qui est peut-être le plus considérable sur la côte d'Afrique et qui a des quartiers séparés pour les différents articles de commerce.

Les Iles du Prince et de Saint-Thomé

Ces deux îles sont situées dans le golfe de Guinée. L'Ile du Prince a 9 milles de longueur sur 5 milles environ de largeur; sa latitude est 1°39'30" N., sa longitude 7°26'30" E. Elle est d'origine volcanique et une des plus belles qui existent au monde ; le climat, sans être salubre, est loin d'être aussi malsain que celui des stations de la côte africaine. Une portion de l'île, laissée presque entièrement à l'état de nature, est très montagneuse, un de ses pics ayant une altitude de 4,000 pieds au dessus du niveau de la mer ; l'autre portion, moins élevée, est intersectée par de nombreuses vallées qui, la plupart, servent de lits à des cours d'eau d'une grande pureté. La terre, d'une fertilité prodigieuse, est en général très bien cultivée; et partout on voit des plantations de caféiers en rapport.

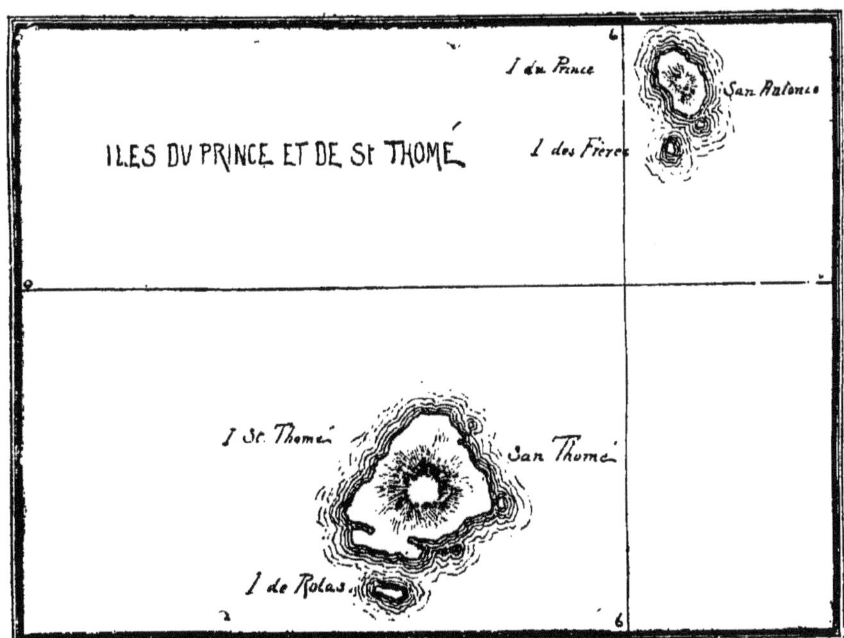

Carte des Iles du Prince et Saint-Thomé

Sur la côte Ouest se trouve une baie où les navires européens des diverses stations africaines se rendent fréquemment pour faire de l'eau et prendre du bois. Saint-Antoine, la seule ville de l'île, contient environ 2,500 habitants ; elle est protégée par le fort de Sainte-Anne et celui de Punta da Mina et est entourée de montagnes peu elevées, entièrement couvertes d'arbres toujours verts. Elle possède six églises, et six autres sont disséminées parmi les villages, généralement habités par des noirs ou des mulâtres.

La population totale de l'île du Prince est d'environ 6,000 habitants ; ses produits principaux sont le café, le cacao, l'huile de palme et le coton.

L'île de Saint-Thomé, latitude 0°14'42" N., longitude 6°33' E., a environ 25 milles de longueur. Sa formation géologique est la même que celle de l'île du Prince. Elle est montagneuse, le pic le plus élevé, de forme conique, atteignant une hauteur de 7,020 pieds. Les vallées produisent en abondance le sucre, le coton et l'indigo. La côte est entourée d'une ceinture de cocotiers qui donne à cette île une singulière apparence quand elle est aperçue du large. Sa partie méridionale est exposée à la furie d'une mer constamment agitée, qui se précipite sur les falaises avec une telle force, qu'elle y a creusé de nombreuses cavernes.

Malgré qu'elle soit considérée comme plus malsaine que l'île du Prince, Saint-Thomé renferme une population d'environ 20,000 habitants, principalement noirs. La capitale, Sainte-Anne de Chaves, possède un petit port bien abrité et défendu par un fort. Elle est assez bien bâtie et contient trois belles églises et un séminaire important, d'où sortent annuellement des centaines de prêtres noirs pour se rendre, sous la protection du gouvernement portugais, dans les missions catholiques de l'Afrique, où ils contribuent grandement à la civilisation du grand continent.

Le Congo Portugais

C'est à un navigateur portugais que revient l'honneur de la découverte de l'embouchure du Congo. Les historiens ont hésité entre les années 1484 et 1485 pour fixer la date de cette découverte ; mais de récentes recherches, faites dans des documents inédits, par le vicomte de Sanches de Barna, tendent à établir que Diego Cão ou Cam entreprit son premier voyage en 1482 et ne retourna en Portugal qu'après une absence de dix-neuf mois. Durant ce voyage, il éleva, au Sud de l'embouchure du Congo, un *padrao* ou pilier qui existe encore, à l'endroit connu aujourd'hui sous le nom de Punta Padraõ.

Il est certain que, en 1484, Jean II, roi de Portugal, octroya à Diégo Cam, des titres de noblesse dont la patente, donnée à Santarem, porte la date du 14 avril, et il lui donna en même temps un emploi honorifique dans sa maison.

Diégo Cam entreprit son second voyage en 1485, et il éleva alors deux autres piliers, l'un au Cap Augustin, et l'autre au Cap de la Croix.

Malgré que le Congo ait longtemps été presque une *terra incognita*, de nombreux ouvrages ont été publés, dès le XVI° siècle, sur cette immense contrée. Le plus connu est la *Relation sur le royaume du Congo et les contrées voisines*, par Philippe Pigafetta, publiée en 1591, et traduit en latin en 1598. Cet ouvrage n'est qu'une portion, traduite en italien, de l'histoire de la découverte et de la conquête de l'Inde par les Portugais, en six livres, par Fernand Lopez de Castanheda, publiée à Coimbre, de 1552 à 1554, et traduite en français, en 1554, par Nicolas de Grouchi.

Les livres de Lopez, de Battell, de Bruno et de Visconti, ainsi que ceux des Pères Fraggio, de Guattini, Carli, Cavazzi, Labat, Morola et Zuchelli ; l'histoire de l'abbé Proyard, et enfin le Voyage de M. de Grandpré, se contredisent souvent mutuellement, et ne fournissent guère au lecteur que des données entièrement erronnées.

Ce ne fut qu'en 1816, que le capitaine Tuckey, de la marine britannique, entreprit, sur les ordres de son gouvernement, un voyage réellement scientifique au Congo. Il remonta le grand fleuve sur une distance de plus de 170 milles, mais il mourut bientôt à la tâche, ainsi que quatorze de ses compagnons, non toutefois sans avoir laissé des données et des documents dont les voyageurs subséquents ont su profiter.

Chacun connaît les voyages et les découvertes de Livingstone, de Stanley et de Savorgnan de Brazza, grâce auxquels le Congo est maintenant connu de sa source à son embouchure, et il faudrait un volume entier pour en donner seulement un succint aperçu.

Les Portugais ont toujours considéré le Congo proprement dit comme une de leurs possessions coloniales, et le gouvernement anglais, alors représenté par lord Granville, ignorant qu'elle était la haute importance de ces vastes contrées, n'hésita pas, après des négociations qui avaient duré seize mois, à signer, en février 1884, un traité avec le Portugal, accordant à ce dernier pouvoir des droits souverains que les autres gouvernements européens refusèrent de lui reconnaître.

L'Association Internationale Africaine existait déjà, et il est inutile de rappeler ici ses travaux, pas plus que les différents voyages d'exploration qui amenèrent forcément la Conférence de Berlin. Le résultat de cette Conférence, en ce qui touche le Portugal, a été que cette puissance s'est vu reconnaître par traité, la possession définitive d'un territoire de 352,000 milles carrés, ayant un déploiement de côtes sur l'Atlantique de 100 milles environ, avec plus de 100 milles de la rive méridionale du Congo inférieur.

L'article 3 de la Convention passée entre le Portugal et l'Association Internationale, détermine les limites du Congo portugais ainsi qu'il suit :

Au Nord du Congo ou Zaïre, la rive droite de l'embouchure de la rivière qui se jette dans l'Océan Atlantique au Sud de la baie de Kabenda, près de Punta Vermilha, à Cabo-Lambo ;

Le parallèle de ce dernier point prolongé jusqu'à son intersection avec le méridien du confluent de la rivière Culacalla avec la rivière Luculla ;

Le méridien ainsi déterminé jusqu'à sa rencontre avec la rivière Luculla ;

Le cours de la Luculla jusqu'à son confluent avec le Chiloango ou Luango Luce ;

Le cours du Congo, de son embouchure à son confluent avec la rivière Uango-Uango ;

Le méridien qui traverse l'embouchure du Uango-Uango, entre la factorerie hollandaise et la factorerie portugaise, de façon à laisser cette dernière sur territoire portugais, jusqu'à la rencontre du méridien avec le parallèle de Nokk ;

Le parallèle de Nokk à son intersection avec la rivière Kuango, et le cours de cette rivière vers le Sud à partir de ce point.

Les plénipotentiaires qui représentaient le Portugal à la Conférence de Berlin étaient le marquis de Penafiel, et Senhor A. de Serpa Pimentel, aujourd'hui ministre des affaires étrangères, et ils ont su prendre soin des intérêts du pays dont ils étaient les mandataires.

Le territoire portugais au Nord du Congo, qui se trouve enclavé dans l'Etatlibre du Congo, a une profondeur de 35 milles environ : c'est le plus fertile et le plus salubre de la côte occidentale d'Afrique. Kabenda, la capitale de l'Angoy, latitude 5° 33' S., longitude 15° 40' E., est une ville située aux pieds d'une montagne très boisée de forme conique. Les Portugais s'y établirent de bonne heure et y construisirent, en 1784, un petit fort que l'amiral de Marigny détruisit peu de temps après. Kabenda a un excellent ancrage, et on en exporte des quantités considérables de cire, de miel et d'ivoire.

Landana

Landana est une charmante petite ville, admirablement située au fond d'une baie qui lui sert de port ; elle possède plusieurs factoreries assez importantes, ainsi qu'une mission catholique dirigée par les Pères français de la Congrégation du Saint Esprit. C'est là du reste que se trouve le siège de la Préfecture apostolique du Congo, et le but des Pères est de rétablir, autant que possible, les missions catholiques qui avaient été fondées, le siècle dernier, sur différents points de la contrée. Ils ont acquis d'un des chefs les plus considérables, Prça Matenda, une vallée de plus d'un kilomètre carré, et là, avec l'aide de M. de Rouvre, le chef de la factorerie française, ils ont créé un établissement qui est un véritable paradis terrestre. Ils ont deux maisons, l'une près de la plage pour les Sœurs, et l'autre au milieu de la vallée pour eux-mêmes. Les dépendants et serviteurs de la mission ont construit des cases bien alignées qui forment à elles seules un important village.

Malemba est situé aux pieds d'une chaîne de montagnes assez élevées. Le village est construit sur un plateau qui domine la rade ; c'était autrefois un port très important, en communication constante avec l'Europe. A environ une heure de marche, se trouve Kilonga, un beau village bâti sur les bords d'un lac.

Tout le pays est bien cultivé et d'un grand rapport. Ce sont les femmes qui travaillent la terre, tandis que les hommes vont à la pêche ou à la chasse, s'occupent de négoce, ou construisent les habitations qui doivent abriter leurs familles.

La capitale du Congo, San-Salvador, l'ancienne Ambassi, où résidait le roi du Congo que les missionnaires portugais convertirent au christianisme au XVI⁰ siècle, est située à environ 85 milles Sud-Ouest de la grande rivière. Elle est assise sur une haute montagne dont le sommet, formant plateau, a dix milles de tour. C'était au XVI⁰ siècle une cité considérable et prospère qui, dès l'année 1534, possédait une cathédrale et un siège épiscopal. En 1570, les Jaggas envahirent le pays et détruisirent la ville dont ils chassèrent le roi chrétien ; mais quelques années plus tard, le roi de Portugal envoya au secours de son allié du Congo une troupe de six cents soldats avec l'aide desquels les intrus furent chassés.

La ville et les églises furent rebâties, et tout marcha bien pendant une soixantaine d'années ; mais vers 1630, l'évêché de San-Salvador dut être transféré à Saint-Paul de Loanda, et les missions catholiques disparurent l'une après l'autre. Les prêtres portugais essayèrent à diverses reprises de les rétablir, mais sans aucun succès, les habitants leur étant devenus hostiles et s'étant révoltés contre leurs souverains légitimes. San-Salvador perdit graduellement son importance et devint à la longue un simple assemblage de huttes d'indigènes, parmi lesquelles on rencontre çà et là quelques vestiges de la splendeur d'autrefois.

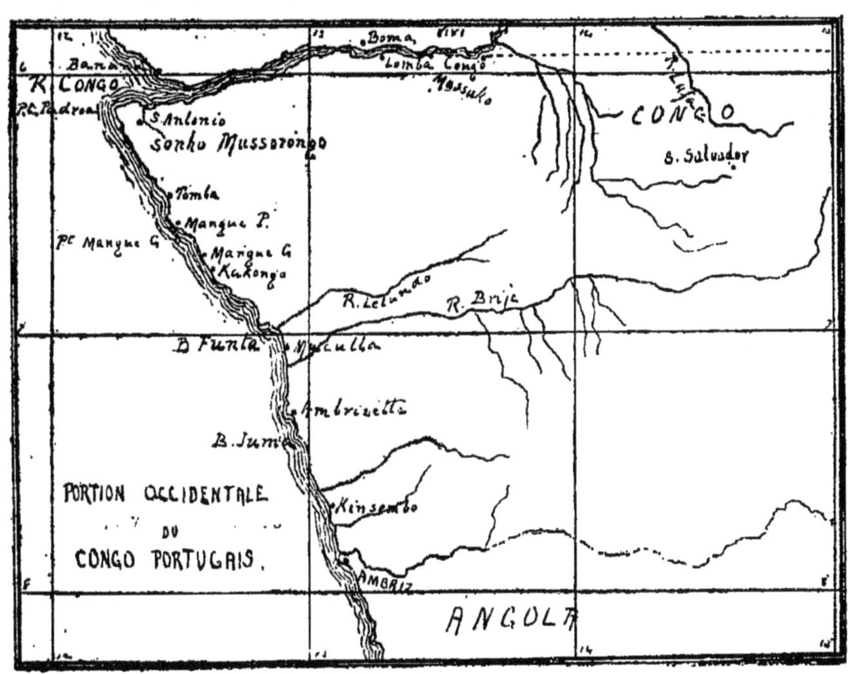

Carte de la partie occidentale du Congo portugais

Les Portugais sont maintenant possesseurs de toute la rive méridionale du Congo, depuis son embouchure jusqu'à Nokki, et de ce point, en remontant vers le Nord-Est, jusqu'à Uango-Ango. Les stations qui se trouvent sur cette rive sont nombreuses, et quelques-unes sont importantes, entre autres Mussuko, qui est un des meilleurs ports de la grande rivière.

Le territoire qui s'étend de San-Salvador à la rivière Kuango n'est encore que peu connu. Le pays est en général montagneux, et la terre presque partout stérile; plusieurs rivières l'arrosent, entre autres le Knilla, le Kuhu, le Kambo, qui, avec leurs tributaires, se jettent dans le Kuango. Les vallées qu'elles forment sont parsemées de nombreux villages et de plantations de palmiers. L'huile qui en provient, le caoutchouc, le tabac et l'ivoire sont les seuls articles de commerce importants dans ces contrées.

Le Bangala, au Sud-Est, est arrosé par de nombreux cours d'eau, et c'est peut-être le district le plus abondamment peuplé du Congo portugais. Il est traversé par une chaîne de montagnes qui semble être une ramification de celle qui suit le cours de la rivière Coanza.

Le Kuango forme la limite des possessions actuelles des Portugais vers l'Est. Les indigènes du Bangala sont depuis longtemps les sujets du roi de Portugal, et une milice locale, commandée par des officiers européens, a été établie sur différents points du territoire. Cette milice ne reçoit aucune paye, et ses membres ont à s'entretenir eux-mêmes : ils s'occupent généralement de commerce et d'agriculture, mais ils doivent toujours être prêts à répondre aux appels que peuvent leur faire leurs officiers.

Cassange est la capitale du Bangala. C'est le quartier général du commandant de la province, et les cinquante maisons environ qui forment le village sont habitées par des officiers de la milice, qui sont tous des traitants. Le système commercial en vigueur dans ces contrées consiste à employer des courtiers-voyageurs ou *pombeiros*, généralement indigènes, qui partent pour l'intérieur à des époques déterminées, avec une pacotille de marchandises européennes servant aux échanges qu'ils font avec les habitants.

C'est là surtout que les Portugais déploient les aptitudes qu'ils possèdent pour la colonisation. Leur traitement des indigènes est humain, et la race blanche se montre supérieure à la race noire autant par les procédés que par la force. Il en résulte un accord parfait entre les Européens et les indigènes; les noirs sont en général instruits, parfois autant que les blancs, et entre les deux races il n'y a aucune gêne, aucune contrainte. La bonne harmonie règne partout et en toute chose, et justice est rendue à tous.

Ce pays est capable d'une grande amélioration ; le sol y est d'une fertilité prodigieuse, et les céréales y croissent presque sans culture ; il est rempli de pâturages excellents qui pourraient permettre l'élevage de millions de bêtes à cornes.

La cire et l'ivoire sont les principaux articles de commerce.

Royaume d'Angola

Ce vaste royaume comprend la province d'Angola proprement dite, qui est bornée au Nord par la rivière Logé et au Sud par la rivière Coanga ; le territoire de Kissama à l'Ouest ; celui de Songo à l'Est ; et la province de Benguela, sur la côte occidentale, qui s'étend jusqu'au cap Frio au Sud. A l'Est, ce royaume n'a pas de limites définies, et il est notoire que les Portugais se considèrent les maîtres de tout l'intérieur jusqu'à la côte opposée, désireux qu'ils sont de réunir un jour leurs possessions africaines de l'Atlantique au canal Mozambique.

Son étendue, sur la côte occidentale, est comprise entre les latitudes 70° 50' et 18° S., soit un déploiement de côtes d'environ 600 milles. Les Portugais prétendent exercer une autorité directe sur plus de 2,000,000 d'habitants, occupant une superficie de 300,000 milles carrés.

Ambriz est la ville la plus septentrionale de la province d'Angola. Elle avait une grande importance au temps de la traite des nègres, et de nombreux barracons y existent encore. Elle est située sur la rive méridionale du Logé, mais la barre qui se trouve à l'embouchure de cette rivière est un grand obstacle à sa navigation. Cependant il y a dans le port d'Ambriz un mouvement commercial assez considérable ; les objets d'exportation sont le café, le cacao, la cire, la gomme blanche et la gomme copale, les amandes de palmier, l'huile, les arachides, l'orseille, le coton, la cire et l'ivoire. Le climat est malsain, le sol se trouvant au niveau de la mer et étant très marécageux.

Entre Ambriz et Saint-Paul de Loanda coulent cinq rivières importantes, toutes se jetant dans l'Atlantique, qui n'ont encore été qu'imparfaitement explorées ; ce sont le Guezo, le Hongo, le Lifuné, le Dandé et le Bengo. Elles sont presque parallèles les unes aux autres, et elles prennent leur source aux pieds des montagnes de Tala Mungago, situées à l'Est.

Fort S. Miguel, Saint-Paul de Loanda

Saint-Paul de Loanda, latitude 8°48' S., longitude 13°8' E., possède un bon port de trois milles et demi de longueur, protégé par une île située en face de la ville et d'une longueur de dix-huit milles sur une largeur de deux milles. Cette île contient environ 1,800 habitants, dont la moitié sont pêcheurs. Saint-Paul de Loanda est le principal établissement portugais sur la côte occidentale, et sa population excède 12,000 habitants, dont 850 sont blancs, 2,400 mulâtres et 9,000 noirs. La chaleur y est excessive et souvent intolérable, à cause de la réverbération des rayons du soleil occasionnée par le sol sablonneux du pays. L'eau potable y est encore rare, malgré qu'on ait souvent projeté, la dernière fois en 1877, de creuser un canal qui la ferait venir du Bengo, situé à peine à huit milles Nord de la ville. C'est du reste cette rivière qui alimente entièrement les habitants. L'eau est amenée dans le port au moyen de bateaux qui vont régulièrement la chercher, et elle est vendue à la mesure comme une marchandise précieuse.

Saint-Paul de Loanda existe depuis plus de trois siècles, et cette ville a eu ses jours de splendeur, malgré que le pays qui l'environne soit aride et dépourvu de beautés naturelles. La résidence du gouverneur est, en réalité, un palais digne d'abriter un vice-roi. La douane est aussi un très bel édifice, beaucoup trop vaste maintenant pour les besoins du commerce amoindri de la province. Des deux cathédrales, l'une est devenue un atelier, et l'autre tombe presque en ruines. La ville renferme plusieurs autres églises, et c'est le siège d'un évêché. De nombreuses maisons, construites en pierre, s'échelonnent du rivage au sommet des falaises, et trois forts commandent la rade, le principal étant celui de Saint-Miguel.

Saint-Paul est un établissement pénal, et là peut-être est la cause de son déclin. Une énorme prison est affectée aux criminels européens qu'on déporte dans la colonie, et la garnison est principalement composée de soldats qui sont ou ont été condamnés à des peines infamantes. Cependant, ces troupes se conduisent généralement bien, et les autorités ne craignent pas de leur confier la garde et même la police de la ville.

L'influence du clergé est très grande, non seulement à Saint-Paul de Loanda, mais aussi sur tous les points du territoire où des missions catholiques ont été établies. Il existe partout des écoles, dans lesquelles les enfants indigènes reçoivent une bonne éducation, et graduellement les mœurs de la population s'améliorent et s'adoucissent.

Il n'y a pas, à proprement parler, de colons européens à Saint-Paul de Loanda. Les Portugais qui y viennent s'établir ne le font jamais qu'avec un esprit de retour, et ils n'y restent généralement que quelques années, ou tout au plus assez longtemps pour amasser une fortune. Les étrangers ne peuvent posséder de propriétés foncières qu'à moins qu'ils ne se fassent naturaliser ; en sorte que l'élément étranger est presque entièrement absent, et les capitaux font défaut. Les droits de port et les tarifs de douane sont trop élevés ; avec un peu plus de libéralité sur ces points, le commerce de Saint-Paul de Loanda se rétablirait promptement, car la situation de cette ville est excellente sous tous les rapports. Un chemin de fer, la ligne Royale-Trans-Africaine, relie Saint-Paul de Loanda à Galungo Alto, et, sans doute, il sera bientôt prolongé jusqu'à Ambaca. Une ligne télégraphique suit la voie et se raccorde avec le câble sous-marin qui met toute la côte occidentale africaine en communication directe avec l'Europe.

La partie méridionale de la province d'Angola, une fois qu'on a tourné le dos à la mer, est d'une grande fertilité, et abonde en villages indigènes et en stations européennes, toutes sous l'autorité d'un commandant ou sous-commandant portugais, qui a sous ses ordres la milice locale. Les Basongos sont généralement très bien disposés, et il est évident que l'influence portugaise n'a pas peu contribué à les civiliser. Ils se sont habitués à considérer la race blanche comme une race supérieure, et ils ont adopté sans contrainte les manières courtoises de leurs vainqueurs. Dans presque chaque village se trouve une maison spécialement réservée aux voyageurs, et ceux-ci y sont accueillis et traités avec la plus grande hospitalité, soit par le chef indigène ou par les représentants de l'autorité portugaise.

Ambaca est un village considérable, le centre d'un district contenant plus de 40,000 habitants, dont la plupart non seulement parlent le portugais, mais le lisent et l'écrivent couramment. Il est situé au milieu de montagnes, et non loin de la rivière Lukalla, qui, après avoir reçu de nombreux affluents, se jette dans la rivière Coanza, près de Massangano. La contrée est très fertile, et de gras pâturages permettent l'élevage de nombreux troupeaux.

Rochers à Pungo Andongo

A quarante milles environ à l'Ouest d'Ambacca se trouve Golungo Alto, latitude 9° 8' 30" S., longitude 15° 2' E. Ce village est aussi une station portugaise, sous les ordres d'un sous-commandant. Le district contient environ 120,000 habitants, et chaque famille a sa case distincte, généralement construite sur une colline, et entourée d'une plantation où sont cultivés le coton, le café, l'ananas et tous les fruits de l'Amérique méridionale que les missionnaires d'autrefois avaient acclimatés dans le pays.

Une Compagnie s'est récemment formée à Londres pour l'exploitation des gisements aurifères qui existent sur la rivière Lombigé et ses affluents, et qu'on dit être d'une richesse extraordinaire. Le district où ils sont situés est montagneux, à une élévation de 2,200 pieds au-dessus du niveau de la mer, et très salubre. Il a une étendue de 12,000 milles carrés, et les promoteurs de la Compagnie en parlent comme d'un nouvel *El dorado*.

Au confluent de la rivière Lukalla avec la rivière Coanza se trouve le village de Massangano, auprès duquel le marquis de Pombal fit ériger, en 1768, une énorme fonderie, afin d'encourager la production du fer dans ce pays, qui abonde en minerai excellent. Cette fonderie est maintenant à moitié ruinée ; mais le gouvernement exploite le minerai, qui est converti en barres de fer malléable par des ouvriers indigènes.

Massangano est le centre d'un district contenant environ 30,000 habitants, et le village lui-même est peuplé de 1,500 âmes. Il est défendu par un fort planté sur une falaise à pic, au pied de laquelle coule la rivière Coanza. Dans ce fort, se trouvent de très anciens canons se chargeant par la culasse, ce qui prouve une fois de plus qu'il n'y a rien de nouveau sous le soleil.

A quelques milles Nord de la rivière Coanza, on rencontre Pungo Andongo, un fort isolé, construit au milieu de rochers perpendiculaires, s'élevant comme des colonnes de 350 à 400 pieds de hauteur. C'est un des boulevards de la puissance portugaise en Afrique, car un petit corps de troupes aguerries, placé sur ce point, pourrait longtemps arrêter le passage d'une armée.

Les Portugais ont su se concilier les populations indigènes de la province d'Angola, et, pour y parvenir, ils ont déployé une habileté politique qui leur fait le plus grand honneur. En distribuant des postes semi-militaires sur tous les points de l'intérieur, ils ont, pour ainsi dire, formé une chaîne continue qui entoure le pays de leur autorité ; mais, en même temps, ils ont eu le soin de maintenir dans leurs honneurs les anciens chefs indigènes, ou *sovas*, leur laissant une apparence de pouvoir qu'il est parfois utile de leur permettre d'exercer. Dans les sociétés à peine civilisées, l'homme n'est pas partisan de l'égalité, et les Portugais se son bien gardés de passer le niveau sur toutes les têtes. Ils ont laissé à chacun sa place se réservant pour eux-mêmes la première de toutes ; et, ainsi, l'ancien ordre de choses n'a pas été brutalement bouleversé, quoique graduellement les coutume nouvelles se greffent sur les anciennes, et que le peuple se transforme et se civilise

La milice locale, qui ne coûte rien au gouvernement, ne suffirait pas, en cas de guerre ou de révolte, à supplémenter les troupes européennes ; car ses membres sont, en général, peu disposés à faire autre chose qu'un service de police ; mais il existe, dans le pays, une association libre d'hommes que le gouvernement emploie souvent comme messagers officiels, et qui, au cas échéant, pourraient fournir une petite armée coloniale. Ils sont connus sous le nom de *empacasseiros*, et ce sont d'excellents tireurs et des marcheurs admirables. Formés en régiments, et commandés par des officiers européens, ces hommes seraient les égaux de nos tirailleurs sénégalais.

Quelques réformes bien entendues dans la législation qui régit la province d'Angola, suffiraient pour rendre à cette belle contrée la première place parmi les établissements européens les plus florissants du continent africain.

La côte de Saint-Paul de Loanda à la limite méridionale des possessions portugaises, est en général plate et stérile. Çà et là, on rencontre des massifs d'arbustes malingres, du milieu desquels s'élève de temps en temps un arbre sur lequel l'orseille abonde. Les seules exceptions à cette aridité générale sont dues aux vallées formées par les cours d'eau qui se jettent dans l'Atlantique.

Novo Redondo et à quelques milles Sud, Quicombo, latitude 10° 19' S., offrent des rades sûres où les navires peuvent facilement se procurer d'excellente eau potable que fournit un grand lac situé presque au bord de la mer. Ce lac est alimenté par plusieurs ruisseaux dont la source se trouve parmi les collines voisines. Les Portugais ont établi plusieurs factoreries à Quicombo et dans ses environs, où se fait un commerce assez considérable d'orseille, de gomme, de cire et d'ivoire. Le climat est malsain, les habitants étant sujets à des fièvres intermittentes, et il est généralement fatal aux Européens après un séjour de courte durée.

Lobito ou Logito, à l'embouchure de la rivière Bailomba, peut fournir du bois en grande quantité, mais l'eau manque souvent, quand le lit de la rivière est desséché. Les seuls habitants sont des noirs, sujets du Portugal et entretenus par le gouvernement, dont l'occupation principale semble être de brûler des écailles d'huîtres pour en faire de la chaux.

Benguela était, du temps de la traite des noirs, une ville importante ; c'est certainement la station portugaise la plus malsaine Sud de l'Equateur. La côte est plate, mais derrière l'établissement s'élève une chaîne de montagnes parallèle à la mer. A quelques milles Nord coule la petite rivière Kuvali, dans le lit de laquelle les habitants de Benguela vont puiser leur eau. Katumbela est une sorte de faubourg Nord de Benguela ; il s'y tient un marché très considérable.

Roabab, Palmiers et Euphorbe

La contrée qui s'étend de Benguela à Bihé est habitée par les Ovimbadus, une race commerçante très intelligente et fidèle, dont les Portugais se servent pour leurs affaires dans l'intérieur de l'Afrique. Sans eux, il serait impossible d'avoir des communications suivies avec l'intérieur, et ils s'en vont comme courtiers troquer des pacotilles européennes contre de l'ivoire et du caoutchouc provenant des immenses plaines qui se trouvent à l'est des rivières Coanza et Kukema.

C'est à Bihé que se trouve le quartier général de Silva Porto, le fameux voyageur et traitant qui est en quelque sorte le Résident portugais dans ces pays, et qui dirige tout le commerce, non seulement dans le Benguela, mais aussi dans le Lunda, où il envoie des indigènes de Bihé chercher de l'ivoire et du caoutchouc, en échange de cotonnades et de mauvais fusils.

Le Lunda, selon le capitaine Carvalho qui était à la tête de l'expédition portugaise en 1886, est un empire dont la création est encore récente et remonte à peine au milieu du siècle dernier. Son origine est tout à fait romantique. La contrée située sur le Kalangi et à l'Est du Kasaï, et qui est le centre de l'empire, était habitée par les Tubungos, dont le chef principal se nommait Chakala. Ce prince, s'étant querellé avec ses deux fils, tint une assemblée des autres chefs, et, de leur consentement il désigna sa fille Luéghi pour lui succéder. Cette princesse reçut alors, en signe d'autorité, un bracelet fait de nerfs humains, qu'elle devait porter jusqu'au jour où elle se serait choisi un mari. Un chasseur, Ilunga, fils de Kasango, un des principaux chefs de Luba, se fit aimer d'elle et l'épousa, et comme présent de noces, il reçut de son frère aîné une hache de bataille que son père lui avait léguée et qui fait encore partie des joyaux de la couronne du Lunda. Ilunga prit bientôt le titre de « Seigneur qui possède toute la terre, toutes les rivières et tout le peuple du Lunda », mais l'influence féminine n'a jamais cessé d'exister dans cette cour étrange, car aujourd'hui encore la Lukoquecha, ou personne qui prend soin du Muata ou grand chef, quoiqu'elle ne soit pas son épouse, occupe une position si considérable que le Muata lui-même n'a pas le pouvoir de la déposer. Elle représente à la cour Luéghi, la fondatrice de la dysnatie. D'après le capitaine Carvalho, quatorze Muatas ont régné depuis lors, et le souverain actuel se nomme Kivunza Yanvo. C'est avec lui que le capitaine Carvalho a conclu un traité qui place tout le Lunda sous la protection du Portugal.

Un magnifique ouvrage, qui doit former dix volumes, est en cours de publication à Lisbonne (1), et Senhor A. S. Marques, ancien directeur de l'Observatoire royal de Saint-Thomé et le second du capitaine Carvalho, y a décrit ce pays en lettré et en savant, donnant des détails pleins d'intérêt sur son climat et ses produits. Quand cet ouvrage sera terminé, il formera un des plus beaux monuments qu'on ait jamais élevés à la science géographique.

Dans la baie de l'Eléphant se trouve une factorerie portugaise qui sert d'entrepôt aux énormes quantités d'orseille que les indigènes récoltent dans les environs. Cette baie forme un immense bassin entouré de rocs de granit, et l'ancrage est excellent et sûr. L'eau potable est abondante durant la saison des pluies, mais elle manque presque absolument dans les temps de sécheresse. A quelques milles se trouve la vallée d'Equemma, très fertile et bien boisée, au milieu de laquelle coule une petite rivière qui y entretient une constante végétation.

Mossamédès est considéré comme un établissement salubre, le climat y étant

---

(1) Expedicão Portugueza ao Muata Ianvo : os climas e as producções das Terras de Malanga á Lunda — Lisbõa, Imprensa Nacional.

comparativement tempéré. Il est situé dans une baie, auprès de laquelle coule une rivière. Le sol est bien cultivé et fournit même d'excellents pâturages, dans lesquels paissent de nombreux troupeaux de bœufs d'une grandeur extraordinaire. Le fort qui défend Mossamédès est construit sur une haute falaise à l'extrémité de la baie; et à l'entour sont groupées les habitations des quelques familles portugaises qui forment la colonie européenne.

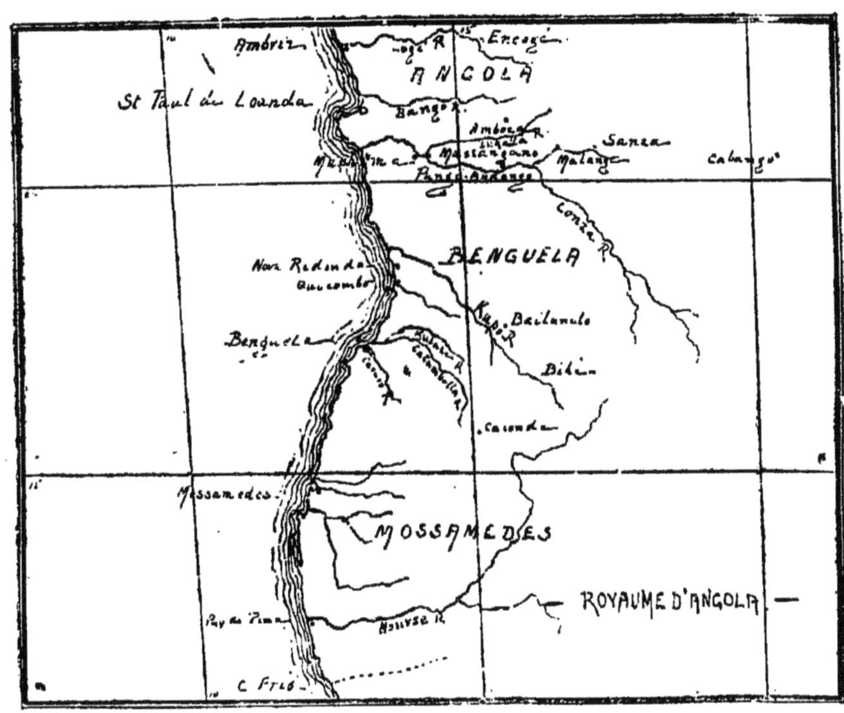

Carte du royaume d Angola

Deux chaînes de montagnes, presque parallèles à ce point, séparent la côte de l'intérieur; les montagnes de Chella, qui forment la seconde chaîne et la plus élevée, ont une altitude moyenne de plus de six mille pieds. Au versant occidental se trouve Kapangombo, qui sert pour ainsi dire d'étape aux voyageurs qui se rendent à Huilla, de l'autre côté des montagnes. Selon MM. Capello et Ivens (1), ce dernier village est admirablement adapté à la formation d'un établissement européen, le climat étant salubre et tempéré, et le sol d'une fertilité telle qu'il est capable de produire d'abondantes récoltes de toutes nos céréales et de tous nos fruits d'Europe. Dès qu'une route aura été construite, et qu'il sera possible de communiquer

____

(1) De Angola á Contra-Costa. Descripcào de uma viagem atravez do Continente Africano, por H. Capello e R. Ivens. — Lisbôa, Imprensa Nacional, 1886, 2 vol. in-8°.

directement avec la côte, Huilla deviendra un grand centre commercial, d'où le Européens pourront diriger d'importantes opérations dans l'intérieur jusqu'aux rives du Kubango.

De Huilla, on peut se rendre, en passant par Chibemba, à Kipungo qui produit des quantités énormes de millet et est en quelque sorte le grenier de tout le district. L'itinéraire de MM. Capello et Ivens les conduisit à Humbé, sur la rivière Kuméné, puis à Kitévé, situé dans la vallée formée par cette rivière qui a une moyenne de huit pieds de profondeur et est navigable pendant toute l'année. De là, ils se rendirent à Handa, que notre compatriote, M. Dufour, avait visité antérieurement et qui est depuis devenu le centre d une mission catholique. Cette région semble abonder en richesses minérales, et comme le climat est loin d'être malsain, un jour viendra sans doute où elles seront exploitées. De Handa les deux explorateurs passèrent par Kabange et traversèrent la rivière Kubango à Katiba, pour continuer le mémorable voyage qui ne devait se terminer qu'à Quilimane, sur l'Océan Indien. Ils trouvèrent, à l'Ouest du Kubango, une race d'hommes, les Ambuellas, de beaucoup supérieurs, moralement et physiquement, aux indigènes de la côte. Ces hommes sont forts et de haute taille, très policés pour des nègres ; ils sont bons agriculteurs, savent travailler les métaux, et sont musiciens par nature. Ils vivent en commun dans des villages composés de cabanes de forme circulaire avec un toit conique.

Il n'est pas probable que personne dispute jamais aux Portugais la possession de ces immenses territoires, et sans aucun doute, ils y établiront un jour des stations quasi militaires, semblables à celles qui leur ont si bien réussi dans la province d'Angola, et graduellement, mais sûrement, la civilisation s'introduira dans des contrées vierges qui sont pour ainsi dire la réserve de l'avenir.

Tout le littoral du royaume d'Angola est relié à l'Europe par le câble électrique qui a des atterrissements à Mossamédès, à Benguela et à Saint-Paul de Loanda.

Provinces d'Inhambané, Sofala et Mozambique

Dans ce magnifique monument qu'il a élevé à la gloire de sa nation, dans cet unique poème, si riche dans la rime et si harmonieux dans le mètre, Camoëns dit avec raison au roi Dom Sébastien que les actions de son peuple sont si glorieuses qu'elles surpassent même celles que la fable a inventées :

« As verdadeiras vossas sao tamanhas
Que excedem as sonhadas fabulosas ».

Et le poète n'a-t-il pas le droit de parler ainsi ? Quel peuple, surtout à peine au sortir de la sombre époque du Moyen Age, peut montrer dans son histoire des pages telles que celles dont les annales maritimes du Portugal sont remplies ? La découverte du Cap de Bonne Espérance par Barthélemi Diaz, suivie de la navigaion savante qui conduisit Vasco de Gama aux Indes; la fondation par Albuquerque de cet immense empire, embrassant d'une part la côte orientale d'Afrique et de l'autre la côte occidentale de l'Inde; l'héroïsme de ces preux chevaliers qui, d'après Camoëns, avaient tellement captivé Vénus elle-même que la déesse appelait du fond de la mer les filles de Nérée et leur commandait d'offrir leur amour à ces beaux étrangers; toutes ces merveilleuses actions ressemblent plutôt à des contes fantastiques qu'à la sobre vérité. Cependant, ce brillant passé n'a pas été un rêve; il a existé, et si les Portugais ne sont plus les possesseurs de toutes les contrées qu'ils ont découvertes, ils peuvent du moins se dire que les hauts faits de leurs ancêtres ont, pour ainsi dire, changé la face du monde et ont fait connaître à l'Europe encore barbare les richesses, la civilisation, les arts et la poésie de l'Orient.

Sur la côte orientale d'Afrique, l'empire colonial portugais s'étend de la Baie de Lagoa au Cap Delgado, mais alors il allait plus loin encore, et à Mombas et Me'inda, aujourd'hui ruinés, le voyageur surpris rencontre les traces de la puissance d'un peuple qui marquait fièrement son passage en élevant des monuments que ni le temps ni les barbares n'ont encore pu détruire entièrement.

Le fort de Mombas sur lequel ne flotte plus le pavillon du Portugal, porte encore l'inscription suivante en vieux portugais qu'on ne lit plus qu'avec difficulté:

« En 1635, Francisco Xeiras de Cabreira fut nommé capitaine-major de cette forteresse, étant âgé de 27 ans. Il la rebâtit et construisit ce corps de garde. Il conquit pour Sa Majesté la côte de Mélinda, alors révoltée contre son tyran. Il rendit tributaires les rois de Tondo, de Mandra, de Luzioua et de Jaca, et il alla personnellement à Paté et à Sio qu'il châtia d'une façon telle qu'on n'avait encore vu semblable punition dans les Indes, rasant les murs des villes et faisant les habitants prisonniers. Il châtia aussi Pembé et ses sujets rebelles, mettant à mort les chefs révoltés ainsi que les autres notables, et faisant payer les contributions qu'on avait refusées à Sa Majesté. Pour tous ces services, il fut créé noble de la maison royale et fut investi de l'ordre du Christ, avec mille reis de pension. Il fut nommé gouverneur de Jafampatao pour six ans et de Beligao pour quatre ans, avec le privilège de pouvoir disposer de ces gouvernements à sa mort: Pedro da Silva étant vice-roi, A. D. 1639. »

Fort de Mombas

En lisant ces lignes, on ne peut se défendre d'un sentiment de mélancolie, surtout quand on a comparé ce qui subsiste de la splendeur passée avec la misère présente, et qu'on a jeté ses regards sur le port de Mombas, un des meilleurs et des plus sûrs qui existent au monde.

La baie de Lagoa ou de Lourenço Marquès, latitude 26°4'S., longitude 33°1'E., est formée par la péninsule qui se termine par le cap Colatto et l'île d'Inyak ou de Sainte-Marie, parallèle à la côte opposée, et son étendue du Sud au Nord est d'environ 40 milles, sur une largeur de 16 à 20 milles. Cette baie est, pour ainsi dire, l'estuaire de plusieurs rivières, dont les principales sont le Mapouta, l'Espiritu Santo ou English River, et le Manicé.

C'est en 1544 que Lourenço Marquès prit possession de la baie de Lagoa au nom du roi de Portugal. Depuis lors jusque vers 1736, les Portugais en restèrent paisibles possesseurs, mais alors les Hollandais tentèrent de s'établir sur une des rivières, et en 1781, une compagnie autrichienne des Indes Orientales y fit un essai de colonisation que l'empereur se hâta de désavouer sur les instances du gouvernement de Lisbonne.

En 1823, l'Angleterre prétendit avoir sur cette baie des droits fondés sur l'acquisition qu'elle avait faite de Keppel, un chef zoulou, des territoires de Tembé et de Mapouta, ainsi que de l'île d'Inyak, et le capitaine Owen, de la marine britannique, en prit formellement possession. Les deux gouvernements restèrent depuis lors en litige au sujet de ce territoire, et ce ne fut qu'en juillet 1875, que cette dispute se termina, par suite de la sentence arbitrale rendue par le maréchal Mac-Mahon, qui donnait plein droit au gouvernement portugais.

Ainsi le Portugal est rentré en possession d'une contrée suivant le territoire de Tembé, bornée au Nord par le fleuve Espiritu Santo ou English River et par la rivière Lourenço Marquès ou Dundas; à l'Ouest par les montagnes Lobombo; au Sud et à l'Est par le fleuve Mapouta, et de l'embouchure de ce fleuve jusqu'à celle de l'Espiritu Santo, par le rivage de la baie de Lagoa ou Lourenço Marquès. Le Portugal était en outre déclaré légitime possesseur du territoire de Mapouto, dans lequel sont comprises la presqu'île et l'île d'Inyak, ainsi que l'île des Eléphants, et qui est borné au Nord par le rivage de la baie; à l'Ouest par le fleuve Mapouto; et de l'embouchure de ce fleuve jusqu'au parallèle de 26°30' de latitude australe, au Sud par ce même parallèle, et à l'Est par la mer.

Je n'ai pas besoin de dire que ce résultat ne satisfit nullement l'Angleterre, mais il fallut bien se soumettre à la décision du maréchal et renoncer à des droits fictifs qui ne reposaient que sur des traités illusoires conclus avec des parties n'ayant aucun pouvoir de contracter. Le souvenir de cette décision n'a sans doute pas peu contribué à faire refuser par le gouvernement anglais l'arbitrage que le gouvernement portugais lui offrait récemment, lors des évènements qui sont encore dans la mémoire de tous.

Le fort portugais est situé à trois milles environ du Point Reuben, à l'embouchure de la rivière Espiritu Santo, latitude 25°58'S., longitude 32°32'E. C'est l'éta blissement le plus méridional qui existe sur la côte orientale d'Afrique. La contrée vers l'intérieur est d'une grande fertilité et produit à l'état sauvage une plante appelée *azaïte* par les Portugais et *mapouta* par les indigènes (*Didynamia gymos-*

permia), dont les cosses rendent à la presse une huile abondante, aussi estimée aux Indes que l'huile d'olives.

Inhambané, latitude 23°51'42"S., longitude 32°24'45"E., est situé sur la rive droite de la rivière du même nom, à huit milles de son embouchure. Cette rivière n'est guère navigable au-delà de la ville, mais elle offre aux navires un port facile à approcher. L'établissement, quoique peu important, est très propre et bien entretenu ; il est principalement construit sur une falaise élevée et est conséquemment assez salubre. La population, d'environ 1,000 habitants, se compose de Portugais, de Canarènes, de Maures et de noirs. Le commerce consiste surtout en cire et en ivoire que des caboteurs portent sur le marché de Mozambique. Le bois de charpente est abondant et excellent, et pourrait devenir une source de revenu pour le pays. Les environs sont riches en minéraux, or, cuivre et fer. Ils produisent le caoutchouc, l'orange, le citron, la banane, l'ananas, le plantain, le sucre, le cacao, le café, le coton et l'indigo. Le cocotier y est commun et d'excellent rapport.

Les indigènes sont gouvernés par des rois ou chefs qui, chaque année, se rendent à la capitale pour rendre hommage au gouverneur et régler avec lui les affaires de leurs états respectifs. Ils profitent de ce voyage annuel pour leur commerce avec les gens de la côte.

Avant d'arriver à Sofala, à quelques milles Nord du Cap Saint-Sébastien, se trouve un groupe d'îles, les Bazarutas, qui sont sous la suzeraineté du Portugal. Ces îles sont tellement rapprochées les unes des autres que, lorsqu'on les aperçoit du Sud, elles semblent ne former qu'une seule île. Un port naturel existe dans la baie de Punga, à l'Ouest de l'île la plus septentrionale, dont l'extrémité est située latitude 22°31'S., longitude 35°33'E.

Sofala, latitude 20°S , longitude 35°E., est située à l'embouchure d'une rivière, dans la baie de Massanggany, qui est très peu profonde et ne permet l'approche du port qu'à la marée haute. Les environs sont marécageux et malsains. Un navigateur portugais, Cavilhao, y aborda en 1480, et le fort date de l'année 1508. C'est une construction mauresque qui mérite d'être préservée au point de vue archéologique, mais qui ne résisterait pas un quart d'heure au feu d'un navire moderne.

Sofala se compose principalement de maisonnettes blanches, et à l'Est se trouve la ville maure, habitée par une colonie arabe de paresseux, dont les femmes fabriquent des vases en terre cuite. La principale culture est le riz, mais la récolte n'est jamais abondante, et les indigènes doivent souvent s'approvisionner dans l'intérieur, principalement à Chuparo et à Mugéva. Le sol produit aussi le maïs, les fèves et le millet.

La ville est presque entièrement entourée d'eau, surtout à la marée haute. Non loin, se trouvent deux importants villages, Inhacambé et Bellangané que la rivière Zamboé sépare. Bellangané est occupé par les Pères Dominicains qui y sont établis depuis de longues années et cultivent de belles rizières, montrant ainsi aux indigènes quel parti ils pourraient tirer de leur sol marécageux. Plus loin, se trouve Poco qui renferme des carrières de belle pierre de taille.

Les territoires que les Portugais occupent dans ces parages sont graduellement tombés entre leurs mains, quelques-uns par suite de circonstances extraordinaires. Par exemple, en 1735, Joao Pirès, un des colons de Sofala, s'étant rendu dans l'intérieur avec une pacotille, rencontra un des chefs de Quitévé qui voulut le dépouiller de ses marchandises. Pirès résista jusqu'à la dernière extrémité, mais finalement il succomba. A la nouvelle de ce meurtre, sa femme, du consentement du gouverneur, leva un corps de troupes, et après une série de combats dans lesquels elle battit plusieurs chefs, elle arriva près de la demeure du roi de Quitévé, qui fut saisi d'une si belle peur qu'il fit mettre à mort le meurtrier de Pirès et envoya sa tête à la courageuse veuve, lui offrant le territoire de Chironda comme compensation.

Il y a environ deux siècles, Jozé de Fonseca Coutinho, qui avait été précédemment gouverneur de Senna, vint s'établir à Sofala et acheta du roi de Quitévé les territoires de Chuparo et de Dendira. Lui aussi pénétra dans l'intérieur pour trafiquer avec les indigènes, mais les chefs s'unirent pour le voler, et il put à grande peine retourner à Sofala. Il y leva bientôt une petite armée, et se mit en campagne, à la recherche des larrons qui l'avaient dépouillé. Cette fois encore, le roi de Quitévé préféra offrir la paix que de risquer une bataille, et il céda à Fonseca les terres de Mugova, lui conférant le titre de May Decca, avec tous les honneurs de la royauté.

Vers la même époque, Raimundo Pareira de Barros épousa une des filles du roi qui lui céda les villages de Maconda, de Gangou et de Voa, sur la rivière Chitara qui se jette dans la mer près de Sofala. Barros reçut du roi de Quitévé le titre de Matiré, dignité qui le plaça d'emblée audessus de tous les chefs indigènes, et il fut en outre exempté de toutes taxes et redevances envers le roi de Portugal.

Au Nord-Ouest de Sofala, sur le versant des montagnes Lupata, se trouve Manica, latitude 18°45'S., longitude 32°50'E., que quelques auteurs prétendent être l'ancienne Ophir, tandis que d'autres accordent cet honneur à Sofala. Quoiqu'il en soit, Manica produit de grandes quantités d'or, et une exploitation méthodique et bien entendue aurait probablement d'excellents résultats. Manica est situé près de la source de la rivière Manzora, et le district dont cette ville est la capitale, quoique montagneux, est très fertile, grâce aux nombreux cours d'eau qui l'arrosent.

Les Portugais ont sur l'ancien empire de Monomotapa des prétentions qu'ils fondent sur les exploits de Gonzalez Sylveira, un missionnaire qui, vers 1555, se rendit à la capitale, en passant par Tété, et baptisa le roi, la reine et trois cents des principaux chefs, et sur ceux de Barreto qui, vers 1570, conclut un traité avec le roi. En 1607, un second traité donna aux Portugais la moitié de l'empire, et plaça l'autre moitié sous leur protection. En 1750, une révolte éclata et l'empire fut démembré; le résultat fut la création de quatre royaumes principaux : Quitévé Mutšmé, Sedanda, et Changamira.

La récente querelle qui a été la conséquence de la dernière expédition du major Serpa Pinto dans les régions comprises entre la rivière Chiré et le lac Nyassa, a fait trop de bruit pour que j'en parle ici. Quoique, pour le moment, elle soit à l'état dormant, il est certain qu'elle se réveillera un jour, car en cédant à une force supérieure, le roi de Portugal a réservé des droits qu'il croit incontestables et qui, du reste, ont été bien clairement exposés dans la note diplomatique que Senhor de Barros Gomès a fait remettre à Lord Salisbury, le 6 décembre 1889, par Senhor d'Antas, le ministre de Portugal à Londres.

« Le Portugal, dit cette note, peut se prévaloir de la découverte, d'une occupation effective pendant des siècles, de l'évangélisation, de l'exploitation commerciale et de la domination militaire, de travaux de différents genres dont les vestiges se rencontrent encore à chaque pas que l'on fait dans ces régions — et qui expliquent la rétention d'une influence qui a duré jusqu'à ce jour et a été la cause du succès facile mais glorieux de deux expéditions entreprises dernièrement dans ce pays sous le drapeau portugais. Le premier droit historique du Portugal à la possession et à la domination réelle sur ces vastes territoires est basé sur la cession de l'ancien empire de Monomotapa, qui eut lieu en 1630, Dom Nuno Alvès Pereira étant alors gouverneur de Mozambique. »

Mais avec Lord Salisbury, toute discussion diplomatique, basée sur des faits historiques ou des données géographiques, était inutile et même impossible, par la simple raison qu'un ministre qui oublie les convenances jusqu'à menacer un pouvoir plus faible que celui qu'il représente, et à mettre en doute la bonne foi du représentant d'un roi ami et allié, ne cédera jamais sur des questions qu'il devrait connaître à fond, mais qu'il semble ignorer entièrement.

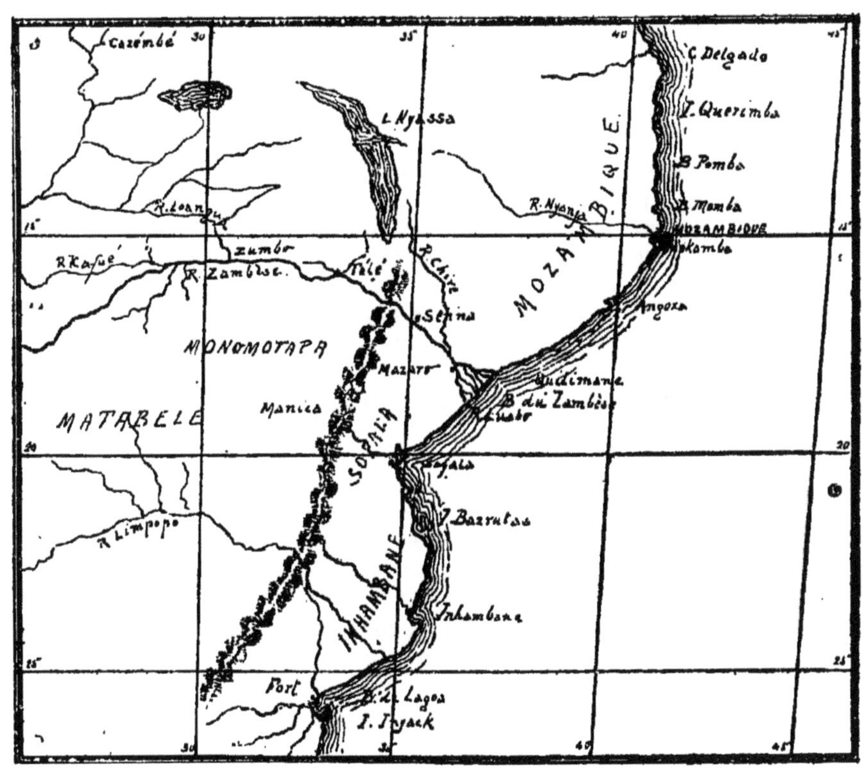

Carte des provinces d'Inhambané, Sofala et Mozambique

Par un décret, daté du 7 novembre 1889, le roi de Portugal avait établi un nouveau district, dans l'Afrique orientale, sous le nom de Zumbo. L'article deuxième de ce décret en définit ainsi les limites :

« Le nouveau district de Zumbo qui, en vertu de ce décret, est séparé de celui de Tété, est borné par le cours des rivières Bissombo et Nord Aruangua, du point du confluent de la première de ces rivières jusqu'au point le plus rapproché des Cabeceiras de Luangua, suivant le cours de cette rivière jusqu'au Zambèse, et du Zambèse jusqu'au point où s'y jette la rivière Mussonguey ; de là, la frontière du nouveau district est formée par ladite rivière Mussonguey depuis sa source, le long de la ligne de démarcation formée par les eaux des rivières Panhamé et Luia, et par le cours de la Mazura jusqu'à sa rencontre avec la frontière du district de Manica, coïncidant avec cette même frontière jusqu'au point où la Mazura rencontre la rivière Savé ; elle suit ensuite le cours de cette rivière et de là arrive aux Cabeceiras do Monfuli, le long du cours de la rivière Savé et de celui de la rivière Sanhati, jusqu'au Zambèse qu'elle cotoie vers l'Ouest. »

Dans la diplomatie nouvelle que l'axiome « la force prime le droit » a inaugurée, il est facile d'établir deux poids et deux mesures. Lord Salisbury dit au gouvernement portugais qu'il ne reconnaît aucun droit là où il n'existe pas d'occupation, et à cela Senhor de Barros Gomès répond fort justement : « L'expression même, *sphère d'influence*, qu'on trouve dans les documents internationaux provenant de toutes les chancelleries, et principalement de celle d'Angleterre, est en elle-même la meilleure preuve que l'occupation effective, signifiant l'établissement permanent des autorités, ne peut être considérée comme constituant une condition essentielle à l'admission par les autres nations d'une possession coloniale. »

D'autres nations que le Portugal et l'Angleterre ont des établissements en Afrique, et un jour viendra, peut-être plus tôt qu'on ne pense, où il sera nécessaire de régler la question des frontières et de bien établir ce qu'on entend par *sphère d'influence*. De curieuses complications surgiront sûrement, et tel qui a le verbe bien haut aujourd'hui sera peut-être heureux d'invoquer les courtoises traditions du passé qui n'admettaient pas qu'on pût joindre la menace à l'insolence dans les documents diplomatiques.

Ceci était écrit avant le nouvel arrangement conclu entre les gouvernements anglais et allemand, au sujet des immenses territoires que ces deux gouvernements ont partagé entre eux en Afrique, l'un rétrocédant à l'autre le protectorat de Zanzibar dont l'indépendance entière a été garantie par des accords internationaux. Un nouveau mot diplomatique, « hinterland », a été inventé pour expliquer une vieille théorie, la même que le Portugal prétend être juste et rationelle, mais qui, dans l'esprit de Lord Salisbury, semble n'être admissible que si elle est mise en avant par un pouvoir dont la force doit être prise en considération.

Zumbo, lattitude 15° 37' 22" S., longitude 30° 32' E., est situé au confluent de la rivière Loangua et du Zambèse. Le district dont Zumbo est le centre, était autrefois habité par les Bazungas, une race d'hommes paisibles, adonnés à l'agriculture et à l'élevage, qui semblent s'être dispersés à l'approche des gens de Changamira.

Les Portugais avaient là un établissement d'une grande importance, et aucun point de l'intérieur n'offre une situation plus favorable au commerce.

Trois rivières navigables, le Lcangua, le Zambèse et le Kafué, les mettaient en communication avec le Nord-Ouest, l'Ouest, le Sud-Ouest et l'Est et la mer.

Un gouverneur de Tété, le Dr Lacerda, visita, en 1798, Kazémbé, le souverain d'un vaste empire dont la capitale est Lucenda, latitude 9° 3o' S., longitude 29° 16' E. Après trois mois de marche, et au moment d'entrer dans la capitale, Lacerda mourut de la fièvre, et un Jésuite qui l'accompagnait se chargea de ses papiers qui, malheureusement, ont été perdus, par suite de la mort de ce dernier. En 1802, deux pombeiros d'Angola furent envoyés par le gouverneur de cette ville, avec l'ordre de traverser le continent de part en part. Ils rencontrèrent sur leur route de nombreux obstacles suscités par les chefs qui leur refusaient le passage, et n'arrivèrent chez Kazémbé que quatre ans après leur départ. Ils se rendirent ensuite à Tété, sur le Zambèse, et après avoir délivré au gouverneur les lettres dont ils étaient porteurs, ils retournèrent à Angola par la même route.

En 1831, le colonel Monteiro, sur l'invitation du roi, se rendit de Tété au Kazémbé à la tête d'une expédition composée de 420 hommes, et il y demeura pendant quatre mois, s'efforçant d'établir avec ce chef des relations commerciales qui devaient être à l'avantage de tous.

Si l'on considère que la capitale du Kazémbé est sous la même latitude que le Cap Delgado, qui forme la limite septentrionale des possessions portugaises sur la côte Est d'Afrique, et que l'ambition du Portugal a toujours été de réunir ses colonies de l'Ouest à celle de l'Est, nous pouvons à peine nous étonner qu'après de tels efforts, les Portugais se considèrent comme les premiers occupants et les possesseurs *de jure* du territoire en dispute, et comme y ayant des droits antérieurs à ceux que toute autre nation veut faire prévaloir.

A Zumbo, le Zambèse est très large, et sont lit est parsemé d'îles nombreuses. Le sol y est d'une fertilité prodigieuse, et le maïs et le blé y atteignent des proportions presque gigantesques.

Entre Zumbo et Tété, on rencontre les rapides de Kaord Vassa, et jusqu'à ce point le Zambèze est navigable ; mais durant la saison des pluies, l'eau atteint quelquefois une crue de cinquante à soixante pieds dans la gorge formée par les monts Lupata, et remontant le cours de la rivière, elle couvre entièrement le Kaord Vassa et les deux autres rapides au-dessus, de sorte qu'un vapeur peut aller jeter l'ancre devant Zumbo, d'où le Kazémbé peut être atte nt en navigant la rivière Loangua.

Tété, latitude 16° 9' 3'' S. longitude 33° 28'E., est un important village sur le Zambèze, dont la largeur, à ce point a plus de 2,5oo mètres. La population se compose de 5,ooo habitants, dont à peine 3o sont Portugais, en ne comptant pas la garnison. Le climat est comparativement salubre, et l'état sanitaire pourrait facilement être amélioré. Le fort est construit sur le bord du Zambèse ; il est armé suffisamment pour contenir les indigènes, et la garnison, assiégée par les rebelles vers 1853, a pu s'y maintenir pendant deux ans et se ravitailler en envoyant des expéditions sur la côte.

La canne à sucre croît abondamment dans les environs, mais les indigènes ignorant les procédés européens, ne produisent que du sucre de qualité inférieure. Le charbon de terre existe sur plusieurs points, et sans doute cette partie de l'Afrique en fournira de grandes quantités un jour.

Les habitants résident souvent hors du village et cultivent leurs plantations sur la montagne Karuera, dont l'altitude atteint 5,000 pieds. I's récoltent le blé, le maïs, le millet, les fèves, les arachides et le riz. Tout près de Tété, se trouve un district, l'Ilhalutanda, d'environ vingt milles carrés, qui est presque entièrement inondé durant la saison des pluies. Quand l'eau s'est retirée, les femmes font les semailles, une opération fort simple dans laquelle un bâton et leurs pieds jouent les rôles principaux De sorte que les indigènes ne craignent jamais la famine ; ils ont une double ressource, car si leurs récoltes manquent sur la montagne, faute de pluie, ils ont recours à celle de la plaine; si au contraire les inondations durent trop longtemps, ils sont certains que la montagne leur fournira tout le grain dont ils ont besoin. Les récoltes sont généralement si abondantes que l'on peut exporter du blé à Quilimane presque tous les ans.

A dix milles Sud-Est de Tété, se trouvent les ruines de Micombo, l'ancien établissement des Jésuites, que le marquis de Pombal fit detruire après les en avoir chassés et s'être emparé de leurs immenses richesses. Ces missionnaires avaient fondé une importante colonie dans ce district et travaillaient de tout leur pouvoir à l'étendre, se servant du trafic de l'or et de l'ivoire comme moyen de conciliation et de civilisation. Aujourd'hui il reste à peine quelques traces de cet établissement.

Senna, sur la rive droite du Zambèse, latitude 17° 27' 1" S., longitude 15 10° E., n'est pas aussi salubre que Tété. Le pays, sans être montagneux, est accidenté, et si le village qui existe maintenant était abandonné et un nouvel établissement formé sur les collines qui sont à proximité, l'état sanitaire s'améliorerait et la prospérité reviendrait, car le sol est très fertile, et le Zambèse offre un débouché naturel et constant au commerce avec l'intérieur.

De Senna à Quilimane, le voyageur rencontre, sur la rive gauche du Zambèse, l'embouchure de la rivière Chiré, et, sur la rive droite, le village de Mazaro, à l'angle du delta formé par les bouches du Zambèse. Ce point es connu sous le nom de Bocca do Rio. En suivant la rivière de Quilimane, on trouve plusieurs villages : Mejusumba, Chataunga, Mangara, Maenbucha, Interro et Inhasuja, ce dernier étant à environ deux lieues de Quilimane. Le delta est formé par cinq cours d'eau, dont les principaux sont la rivière de Quilimane et le Zuabo qui est le plus considérable et reçoit la plus grande partie des eaux du Zambèse. Le delta est très plat, et en janvier et février principalement, le pays est entièrement inondé. Les indigènes construisent leurs huttes sur des pilès de vingt pieds de hauteur, et ils sont souvent forcés de rester chez eux pendant des semaines entières, se nourrissant du produit de leur pêche.

Quilimane, latitude 17° 53' 8" S., longitude 36° 40' E., est peuplé de 15,000 habitants. La ville est bâtie sur la rive gauche de la rivière, à 15 milles environ de son embouchure. Elle renferme un bon nombre de maisons bien bâties, une église, des casernes, une prison et la douane. Elle est située au centre d'un marais, et pour cette raison elle est très insalubre. Les habitations, maisons ou huttes, sont toujours construites sur pilotis et exhaussées sur le sol, afin d'éviter l'humidité, mais le terrain a si peu de consistance que graduellement leur niveau s'abaisse. Elles n'ont, en général, qu'un seul étage, et les toits projettent de quelques pieds et sont supportés par des piliers, de façon à former des galeries couvertes qui servent de refuge aux habitants durant les grandes chaleurs du jour.

Quilimane est peut-être le port le plus important de la côte Est d'Afrique, et les exportations de graines oléagineuses, sésame, arachides et copra, se montent à 1,5oo,ooo francs annuellement, et celles d'ivoire à 1,ooo,ooo de francs. Ce sont les articles les plus importants, et ils forment 9o pour cent de la totalité des exportations. La cire et le caoutchouc viennent ensuite. C'est principalement de Tété que Quilimane obtient les marchandises qui en sont exportées. Là résident quelques marchands portugais qui envoient périodiquement des caravanes dans l'intérieur. L'ivoire vient des grands marais qui abondent le long du cours de la rivière Chiré, ainsi que des contrées au Sud du lac Nyassa.

Angoxa ou Angoche est un sultanat, sous la suzeraineté du Portugal, qui se compose d'un district sur la côte Est, et de plusieurs îles, dont les deux principales sont Malumélé, latitude : 6° 2o' 3o" S., longitude 4o° 4' E.; et Caldeira, latitude 16° 38' 48" S., longitude 39° 46' E. La ville d'Angoxa est située à 12 milles de l'embouchure de la rivière. Elle contient environ 1,2oo habitants, principalement Arabes. Les maisons sont bâties en pierres et en bois, et elles sont en général assez propres. La rivière Angoxa est navigable sur une etendue de 18o milles depuis son embouchure, et la contrée produit une quantité énorme de sésame.

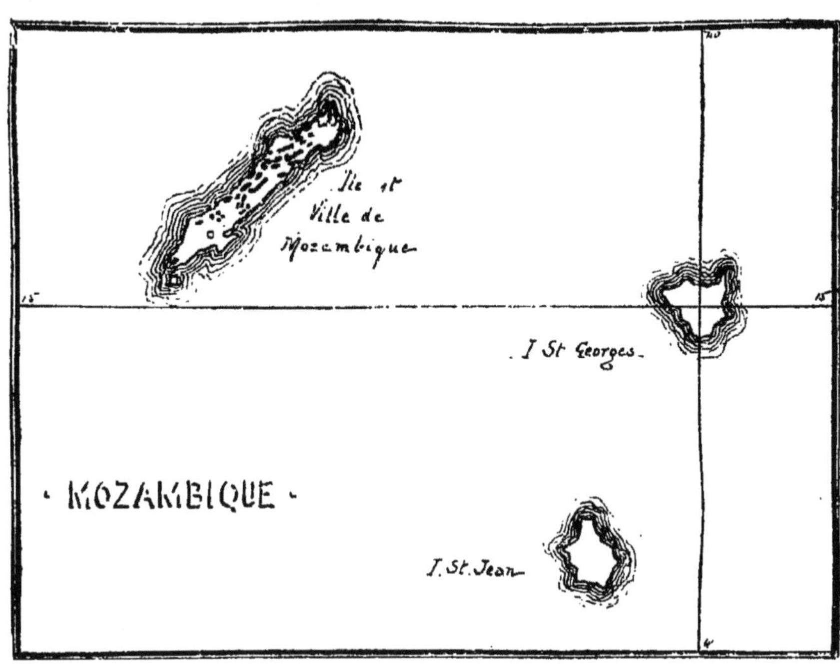

Carte de l'île de Mozambique

Les îles, qui sont nombreuses, sont des formations de corail et suivent parallèlement la côte. Les conchologistes pourraient en faire leur paradis, car rien n'égale la beauté et la variété des coquillages et des branches de corail que l'on trouve en abondance sur leurs rivages. Ces îles ont généralement une superficie de trois ou quatre milles carrés, et quoique elles ne soient guère qu'à huit ou dix pieds au dessus du niveau de la mer et que le sol végétal soit très peu profond, elles sont couvertes d'une verdure éternelle que domine le casuarina, une sorte de pin qui atteint souvent cent cinquante pieds de hauteur.

Après avoir doublé le Cap de Bonne-Espérance, Vasco de Gama jeta l'ancre devant Mozambique, le 28 février 1498. Cette ville était alors habitée par les Arabes, sous la domination du sultan de Quiloa. Deux ans plus tard, Mozambique fut occupée par les Portugais, qui commencèrent immédiatement à édifier la ville dont ils voulaient faire la capitale de leurs possessions de la côte occidentale d'Afrique.

Mozambique, latitude 15° 3' S., longitude 40° 49' E., est bâti dans une île située près de la côte, d'une longueur d'un mille et demi et d'une largeur d'un quart de mille. Cette île est flanquée de deux autres, Saint-Georges au Nord et Saint-Jean au Sud, qui sont inhabitées.

Le port est formé par une baie de cinq milles de profondeur et de six milles de largeur. L'île de Mozambique est bien fortifiée, et le fort Saint-Sébastien à l'extrémité Nord, construit de 1508 à 1511, est un ouvrage militaire encore très remarquable. Dans l'intérieur, se trouvent une chapelle, une caserne, des logis d'officiers, de vastes magasins et des citernes. A l'autre extrémité, se trouve le fort Saint-Laurent, et un autre fort de moindre étendue sur un îlot au Sud, et deux batteries semi-circulaires complètent les défenses de la ville.

Ile de Mozambique.

A une petite distance sur la côte, à l'embouchure de trois rivières, on rencontre le port de Mokando qui est peut-être supérieur à celui de Mozambique et offre des moyens de communication directe avec l'intérieur.

Mozambique possède deux grandes églises et trois chapelles. Le palais du gouverneur général est un très vaste et très bel édifice, construit en 1670 par les Jésuites qui en avaient fait un collège. La Douane et le Trésor son tde gran 's bâtiments modernes sans prétentions architecturales, mais le môle est une œuvre admirab e, d'une solidilité à toute épreuve, la partie qui se trouve submergée ayant été construite avec du mortier dans la confection duquel on avait employé l'huile au lieu d'eau. Le plan de la ville est régulier, quoique la plupart des rues soient étroites ; un grand nombre des maisons sont très bien bâties et quelques unes d'entre elles ont des dimensions réellement imposantes. La population est d environ 9,000 habitants, avec une garnison de 200 hommes.

Le village de Mesuril, à environ cinq milles sur la côte, sert de résidence, pendant une partie de l'année, au gouverneur général qui y possède un palais entouré de beaux jardins. Le district de Cabeceira Grande est habité par les marchands et les officiers portugais qui y ont leurs villas. Cabeceira Pequeña-est réservée aux mahométans. Mozambique est le siège d'un évêché qui dépend de l'archevêché de Goa. '

Malgré que le climat soit malsain, cet établissement devrait être et sera un jour le centre du commerce de la côte Est d'Afrique. Les Makouas sont certaine ment encore hostiles aux Portugais, mais leur vieille inimitié tend tous les jours à disparaître, et comme ils forment une race d'hommes très forts et très braves, ils seront quelque jour d'un puissant secours à ceux dont ils étaient autrefois les ennemis.

Les îles Querimba forment un archipel qui s'étend le long de la côte, entre la baie de Pemba et le Cap Delgado. Les principales sont Amiza, Vumba, Zanga, Mutemo, Ibo et Querimba. Cette dernière, latitude 12° 23' 42" S., longitude 40° 39, E", et Ibo, latitude 12° 20' S., longitude 40° 38' E., sont les plus importantes du groupe. Elle forment une chaîne continue et offrent de nombreux et excellents ancrages, protégés d'un côté par de longs bancs de corail et de l'autre par la terre La ville d'Ibo sur le continent, latitude 12° 20' S,, longitude 40° 30' E., est l'établic sement le plus septentrional que possède le Portugal sur la côte Est d'Afrique. Elle est défendue par trois forts, dont le principal a été construit en 1791. Ibo et les îles voisines ont été souvent attaqués par les Sakalaves, la dernière fois en 1816. L'expédition se composait de 250 canots de guerre portant 6,250 hommes. Les Portugais les défirent entièrement, et le mauvais temps aidant, pas un seul homme ne retourna à Madagascar.

La province de Mozambique peut offrir d'énormes ressources aux entreprises commerciales et minières que l'introduction de capitaux et d'un élément européen plus considérable développerait bientôt. Un pays qui possède l'or, le fer et le charbon, renferme les sources de la richesse. Dès l'année 1836, d'importants gisements de houille ont été découverts dans les environs de Tété, et Livingstone ne se servait que du charbon indigène pour chauffer la chaudière de son petit vapeur *Ma Robert*, quand il naviguait sur le Zambèse. En dehors de leurs richesses minérales, ces vastes contrées sont presque sur tous les points d'une très grande fertilité. Les céréales, les légumes d'Europe et les fruits y croissent sans efforts ; le caoutchouc et l'orseille y abondent et viennent sans culture. La faune est variée et nombreuse et pourrait donner lieu à un important commerce de cuirs et de pelleteries.

Il est vrai que dans bien de districts le climat est malsain, mais dans d'autres, principalement là où les montagnes existent, il est tel que les Européens peuvent le supporter avec des précautions et un régime basé sur la continence et la sobriété. De grands efforts ont été récemment faits par le Portugal pour développer les ressources de cette province, et il est à souhaiter que ces efforts soient couronnés du succès qu'ils méritent.

Parlant du Zambèse, Livingstone dit : « Les Portugais se trouvent ainsi près de l'entrée principale de la région centrale ; et comme ils ont montré, durant ces dernières années, dans un esprit éclairé et libéral, leur désir de développer les ressources de l'Afrique orientale en faisant de Mozambique un port libre, il est à espérer que le même esprit les conduira à encourager les entreprises commerciales sur le haut Zambèse, en offrant des facilités à ceux qui désirent trafiquer dans les régions situées bien au-delà de leurs territoires. Leur désir de coopérer à la noble œuvre qui a pour but de développer les ressources de ces riches contrés, ne pourrait être mieux mis en évidence que s'ils fondaient un village, avec des pilotes zambésiens, à Mililone qui deviendrait alors un port, et que s'ils y construisaient un phare pour guider les navigateurs. Si cela était fait, aucune nation n'y gagnerait davantage que les Portugais eux-mêmes, et sûrement aucune nation n'a plus besoin de voir son commerce prendre un nouvel essor. La bienveillance qu'ils m'ont montrée personnellement me fait désirer de les voir reconquérir leur ancienne prospérité. »

Le système qui leur a si bien réussi dans le royaume d'Angola pourrait être suivi par les Portugais dans la province de Mozambique avec un égal succès, car si les tribus qui habitent près de la côte sont parfois hostiles, les indigènes qui demeurent au delà sont entièrement différents, et avec leur bon vouloir et leur aide, les possesseurs du rivage et des embouchures des rivières sont assurés d'un commerce important que, seuls, les indigènes peuvent mener à bonne fin.

Les Portugais ont dans l'intérieur d'excellentes stations comparativement saines, et avec les nombreux cours d'eau qu'ils peuvent commander, le débouché est toujours assuré.

Les missions catholiques ne sont malheureusement pas aussi nombreuses dans l'Est que dans l'Ouest, et ces missions n'ont pas peu contribué à civiliser les indigènes du royaume d'Angola et à adoucir leurs mœurs. C'est donc en encourageant les missionnaires à s'établir sur les points centraux d'abord et en leur assurant la protection sans laquelle leur dévouement serait stérile et leurs efforts illusoires, que le gouvernement portugais arrivera graduellement, mais sûrement, au résultat qu'il désire et que souhaitent ses vrais amis.

Les Etablissements de l'Inde

Trois grands noms vivront éternellement dans l'histoire des Indes Orientales : ceux d'Albuquerque, de Dupleix et de Clive, et, chose singulière, le Portugais, le Français et l'Anglais, moururent tous les trois victimes de l'ingratitude des hommes, après avoir conquis, chacun à son tour, un immense empire pour le pays qui l'avait vu naître.

C'était en Asie que devait culminer la puissance portugaise, mais c'était là aussi que devait commencer son déclin. Dans sa cinquième épitre, Saa de Miranda, un poëte du XVI° siècle, semble prévoir l'effet que la conquête des Indes aura sur ses compatriotes, quand il dit :

> Destes mimos Indianos
> Ey gram medo a Portugal,
> Que venhaô a fazerlhe os danos
> Que Capua fez a Anibal,
> Vencedor de tantos anos.

Jamais prédiction ne fut plus vraie, car jamais conquête ne fut plus rapide, et jamais nation ne tomba d'un faîte plus élevé. En 1498, Vasco de Gama débarqua à Calicut, et dès lors commence l'histoire merveilleuse que Camoëns a retracée si fidèlement dans son grand poème, un drame dont les acteurs semblent être plus que des hommes. C'est d'abord Vasco de Gama qui, revenu du Portugal avec vingt navires, défait le Samorin et fonde ainsi l'empire oriental. Puis, Alphonse d'Albuquerque paraît sur la scène : il s'empare d'abord de Cochin, où il bâtit un fort que Pacheco défendra plus tard avec une poignée de Portugais avec lesquels il battra sept fois les armées du Samorin. Pedro Alvarez de Cabral, après avoir découvert la côte du Brésil, se rend aux Indes, où il fait de nouvelles découvertes suivies d'autant de conquêtes. Ensuite, Francesco de Almeida, le premier vice-roi des Indes, établit la puissance portugaise sur des bases solides, faisant face à plusieurs ennemis à la fois, et laissant à Albuquerque, qui lui succède en 1508, un théâtre agrandi sur lequel celui-ci déploiera toutes les ressources de son génie. Goa tombe bientôt en son pouvoir et devient la capitale de l'empire dont il s'est fait un idéal et qu'il va conquérir. La péninsule indienne n'est pas assez vaste pour lui ; le Golfe Persique l'attire et le fascine, et Ormuz lui ouvre ses portes. Dans son port, les flottes marchandes du Portugal et bientôt de l'Europe entière se réunissent pour chercher les épices de la côte de Malabar, les tissus légers de l'Inde, les tapis de la Perse, les perles du Canal Mozambique, les pierres précieuses de Bohkara et de Samarkand, et toutes ces richesses orientales que l'Europe ne connaissait même pas de nom. Là, une prospérité inouïe régnait parmi les marchands de toutes les nations, qui avaient des facteurs dans tous les royaumes de l'Hindostan, et qui accumulaient leurs trésors sous l'égide du pavillon portugais.

Malacca attire aussi les regards d'Albuquerque. Il s'y rend en 1511, et cette ville se donne à lui. Là encore, il se montre grand guerrier et sage administrateur, et il ajoute à l'empire non seulement les points principaux de la péninsule malaise, mais aussi ceux des îles de la Sonde et des Molucques. C'est dans les commentaires publiés par son fils (1), qu'il faut lire le récit de cette conquête d'un ancien monde entreprise et consommée si rapidement par Albuquerque, avec l'aide de quelques centaines d'Européens ; les lettres dans lesquelles il rend compte au roi de ce qu'il a fait, sont des modèles de concision que rien ne peut surpasser, si ce n'est peut-être celles dans lesquelles il lui fait part de ses grandioses projets pour l'avenir.

Du reste, c'est dans les livres contemporains qu'il faut étudier cette glorieuse époque. Ils sont nombreux et variés, le plus ancien peut-être étant celui qu'écrivit

---

(1) Commentarios, collegidos por seu filho, de Alfonso de Albuquerque, das proprias cartas que elle escrivia al rey dom Emmanuel. — Lisboã, 1876, in-fol.

en latin Damiaõ de Goez et qui fut publié à Louvain en 1549 : « Commentaria rerum gestarum in India a Lusitanis anno 1538 ».

F. Lopez de Castenhada publia à Coimbra, de 1551 à 1554, son grand ouvrage en huit volumes in-fol. : « Historia do descobrimento e conquista da India por os Portuguezes », traduite entièrement en italien par Ulloa, et partiellement en français par Grouchy et par Goulard.

Joaõ de Barros commença vers la même époque sa fameuse histoire des conquêtes portugaises : « As Decadas de Asia », que Diego de Couto acheva plus tard.

Jeronymo Osario, évêque de Silves, écrivit aussi, en 1571, un ouvrage très intéressant : « De rebus Emmanuelis Lusitaniæ regis virtute et auspicib gestis libri XII », qui est accessible à tous dans l'histoire de Portugal compilée par Simon Goulard (2).

L'Histoire des voyages et découvertes des Portugais, par Dujarric, publiée à Bordeaux en 16 7, et le voyage de Linschot aux Indes Orientales, en hollandais, publié à Amsterdam en 1610, servent aussi à nous donner une exacte idée de ces temps mémorables ; et l' « Asia Portugueza » de Manuel de Faria, et la vie de Dom oaõ de Castro, quatrième vice-roi des Indes, par Jacinto de Andrade, nous conduisent presque jusqu'au moment où la puissance portugaise en Orient va commencer à pâlir et à s'effacer.

Ce dernier ouvrage est un des chefs-d'œuvre de la littérature portugaise, et il a eu l'honneur d'être traduit dans presque toutes les langues européennes. Du reste, le héros dont Andrade raconte la vie est une de ces figures taillées à l'antique qui ne pouvait qu'inspirer l'écrivain. Castro était la loyauté vivante, la bravoure incarnée, sacrifiant tout au devoir, ne craignant personne que son Dieu, ne songeant qu'à servir son roi ; c'est le type parfait du vrai chevalier, et le Portugal peut être fier le lui avoir donné naissance.

Albuquerque avait donc projeté un grand empire commercial dont la tête était à Ormuz, et en s'emparant de cette position et des îles Barhein, sur la côte d'Arabie, il avait rêvé de ruiner l'Égypte en divertissant le cours du Nil et en le faisant se jeter dans la mer Rouge. Ainsi, il pensait accaparer tout le commerce de l'Asie méridionale et le faire passer par le Golfe Persique. Quoi qu'il en soit, l'œuvre commencée, en 1506, par Albuquerque sous les ordres de Tristan da Cunha, fut des plus glorieuses, et elle aurait sans doute été durable sans des évènements domestiques qui renversèrent tous les projets et tous les plans qu'avaient formés Albuquerque.

Les Portugais furent les premiers Européens qui pénétrèrent dans le Golfe Persique, que le monde avait oublié depuis Alexandre le Grand. Près de Beled el Kadim, l'ancienne capitale de l'île, on voit le fort portugais, imposant encore quoique ruiné, construit au XVIe siècle avec les pierres de la vieille cité perse. Les

---

(2) Histoire de Portugal, contenant les entreprises, navigations et gestes mémorables des Portugais, tant en la conquête des Indes Orientales par eux découvertes, qu'ès guerres d'Afrique et autres exploits, depuis l'an mil quatre cents nonante-six, sous Emmanuel premier, Jean troisième et Sébastien premier du nom ; composée en vingt livres dont les douze premiers sont traduits de Jérôme Osorius, évêque de Sylvez en Algarves, les huit suivants pris de Lopez de Castagne et autres historiens ; nouvellement mise en français par S. G. (Simon Goulard). — Paris 1581, in-4° ; et 1587, in-fol.

Portugais s'y maintinrent pendant plus d'un siècle, bien qu'ils eussent souvent à lutter avec plus d'un ennemi. Ce furent d'abord les Arabes qui tentèrent de les en chasser vers 1521 ; puis les Turcs, qui furent si bien battus sur mer en 1554 qu'ils se tinrent pour longtemps tranquilles de ce côté. Enfin, lorsque le Portugal fut devenu pour un temps une dépendance de l'Espagne, les Turcs, avec l'aide de la flotte anglaise, s'emparèrent d'Ormuz en 1622, et les îles Bahrein furent bientôt à leur merci. Ainsi s'évanouit le rêve d'Albuquerque et le Golfe Persique, au pouvoir des Musulmans, perdit toute son importance politique, et le commerce de l'Asie prit une autre direction.

La capitale des possessions portugaises dans les Indes est encore Goa, mais quoique cette ville renferme encore de splendides monuments, ils ne semblent être restés debout que pour témoigner de la grandeur d'autrefois et que pour faire regretter les temps presque fabuleux qui les virent s'élever si rapidement.

Il y a deux villes du nom de Goa, quoique la nouvelle soit quelquefois appelée Panjim. La vieille ville est située sur la côte de Malabar, latitude 15°28'18"N,. longitude 73°57'15"E., à huit milles de l'embouchure de la rivière. Elle est maintenant presque déserte, à cause principalement de l'insalubrité de son climat. La statue de Vasco de Gama, surmontant la porte du Palais à l'entrée de la ville, semble regarder ce désastre et cet abandon. La cathédrale est toujours debout, et bien des villes européennes seraient fières d'un tel monument religieux. Dans l'enceinte du palais du vice-roi se trouve une admirable chapelle qui est la reproduction amoindrie, mais exacte, de Saint-Pierre de Rome, et les murs de l'église de Saint-Dominique sont couverts de peintures dues au pinceau des grands maîtres italiens. Les autres églises de la ville conservent encore des traces de leur ancienne magnificence.

L'embouchure de la rivière de Goa est défendue par deux forts construits de chaque côté, à la base de deux montagnes. Panjim, ou le nouveau Goa, fondé au commencement du XVIII° siècle, est protégé par ces deux ouvrages et par une enceinte bastionnée. Cette ville est située sur une île formée par les deux bras de la rivière ; elle est bien construite et son plan est régulier. Une nouvelle forteresse la domine. Sa population est d'environ 30,000 habitants. C'est le siège d'un archevêché dont le titulaire est Primat d'Orient.

Ainsi que Bombay, le nouveau Goa ou Panjim a plutôt l'apparence d'une ville européenne, et sa position étant excellente, son port pourra redevenir un jour le centre d'un commerce important. Les exportations consistent principalement en chanvre et en noix de bétel.

Le territoire de Goa, avec Bardez, l'île d'Angedive et les nouvelles acquisitions, a une superficie de 3,2|0 kilomètres carrés et une population de 420,000 habitants, en grande partie descendants de Portugais par des femmes indigènes. Les Portugais font grand cas de ce territoire, dans lequel ils ont construit trente-quatre forts.

Goa est, pour ainsi dire, l'école théologique de l'Orient. Il y existe de nombreux monastères et séminaires dans lesquels sont recrutés les missionnaires qui se rendent chaque année dans l'intérieur ou sur la côte orientale d'Afrique.

Daman, à l'entrée du golfe de Cambay, latitude 20°25 N., longitude 72°58'E., appartient aux Portugais depuis 1531. Ce port est situé à l'embouchure d'une rivière dans laquelle seulement les navires de faible tonnage peuvent entrer, mais à trois milles de la ville se trouve une rade excellente. Le commerce est très peu actif ; mais il existe dans le port plusieurs chantiers pour la construction des navi es, et le voisinage abonde en forêts de tek et autres excellents bois. Daman et son territoire renferment 5o.ooo habitants, et leur superficie est de 8o kilomètres carrés.

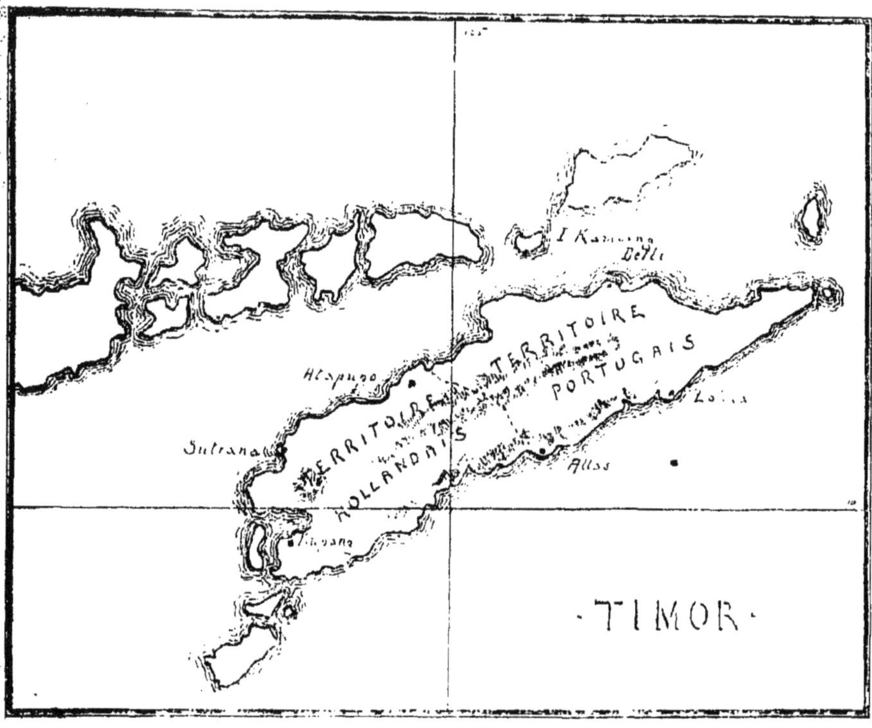

Carte de l'île de Timor.

L'île de Diu, latitude 20°43'N., longitude 71°6'E., doit n'avoir été séparée de la terre ferme qu'à une époque comparativement récente, car elle suit la côte de très près et parallèlement, dans toute sa longueur, qui est de 7 milles. La ville a vu les exploits de Mascarenhas chantés par Corteréal et ceux de Castro racontés par d'Andrade. Elle est située à l'extrémité orientale de l'île et est ceinte d'une muraille bastionnée. L'eau que fournit le sol n'est pas potable, et l'on a dû construire d'immenses citernes dans lesquelles est conservée l'eau qui tombe abondamment durant la saison des pluies. La superficie de l'île de Diu est de 5 kilomètres carrés et elle contient, avec Gogola, une population de 12,700 habitants.

Timor

Une portion de l'île de Timor, et la petite île de Cambing-Pulo, sont tout ce que le Portugal a conservé de ses possessions dans l'Archipel Indien. Il est difficile de comprendre l'utilité de ces colonies, si toutefois on peut donner le nom de colonies à des possessions malsaines, habitées par des indigènes barbares, et dont le rapport est presque nul. Les Hollandais dépensent quelques millions annuellement afin de se maintenir dans la portion de Timor qui leur appartient, mais leur présence dans cette île n'est guère occasionnée que par le fait que les Portugais en possèdent l'autre moitié.

L'île de Timor, latitude (à l'extrémité méridionale) 10°24' S., longitude 123°32' E., a une longueur de 300 milles environ, sur une largeur moyenne de 40 milles. Elle est baignée au Nord par la mer de Banda, et au Sud par l'Océan Indien. Ses deux ports principaux sont Coupang qui est la capitale de la partie hollandaise, et Delli qui est celle de la partie portugaise.

Une chaîne de montagnes traverse toute l'île qui est évidemment d'origine volcanique et est encore exposée à d'assez fréquents tremblements de terre. Quelques ruisseaux descendent des montagnes; mais dans les grandes chaleurs, leurs lits sont presque entièrement à sec, et le peu d'eau croupissante qu'ils contiennent alors est tellement malsaine que les indigènes eux-mêmes ne peuvent la boire sans en être incommodés. Ça et là, ont rencontre des points fertiles qui produisent le maïs, le sucre, le tabac, le coton, et le palmier.

Les chevaux sauvages abondent et forment, avec les buffles, une branche d'exportation assez considérable ; ces derniers sont principalement dirigés sur Banda où les Hollandais ont un établissement considérable. Dans les Kampongs, ou villages indigènes, il y a peu ou point d'industrie, et la culture est négligée presque partout. A Delli, se trouve un vieux fort armé de quelques canons, une espèce de caserne ou campement pour la petite garnison, et un enclos qui sert de prison aux criminels.

Habitations des indigènes de Timor.

Deux races distinctes forment la population indigène : les Timorais qui sont sujets de la Hollande, les Belonais qui sont sujets du Portugal. Il y a en outre plusieurs tribus entièrement sauvages qui ne reconnaissent aucune domination européenne.

Les femmes filent le coton et tissent les grossières étoffes dont se revêtent les indigènes. Quant aux hommes, leur principale occupation consiste à chasser les buffles, les sangliers, les cerfs et les chevaux sauvages dont l'île est remplie. La pêche est entièrement négligée par eux. Les Chinois se sont établis sur plusieurs points, et le peu de commerce qui existe passe presque entièrement par leurs mains.

Cambing Pulo, latitude 8°18′ S., longitude 125°29′ E., est une petite île située entre celles de Timor et d'Ombay. Elle a 12 milles de longueur, et les montagnes qui la forment sont très élevées.

La superficie totale des possessions portugaises dans ces parages est de 16,300 kilomètres carrés, et leur population est d'environ 300,000 habitants.

Macao

Macao est la moindre des possessions du Portugal, mais ce n'est pas celle dont les Portugais sont le moins fiers, car elle marque, pour ainsi dire, le point de départ des relations de l'Europe avec l'Empire du Milieu et le Japon, et ce port a longtemps été le seul qui fût ouvert au commerce des nations occidentales.

En 1516, Perestrello, un navigateur portugais, visita le premier la rivière de Canton, et dès lors les Portugais songèrent à fonder une colonie dans ces parages. Mais les Chinois les repoussèrent de partout où ils tentèrent de s'établir, et cet état de choses dura près d'un demi-siècle. Enfin, en 1557, quelques marchands portugais obtinrent la permission de construire, à l'extrémité méridionale de l'île de Macao, quelques huttes qui devaient leur servir à abriter leurs marchandises, et ils commencèrent aussitôt à fortifier le petit coin de terre ou plutôt le rocher, qui leur avait été accordé temporairement.

C'est ainsi que le comptoir de Macao prit naissance, et graduellement il devint un établissement d'une grande importance, et la station commerciale par laquelle devait passer tout le commerce européen avec la Chine. Cependant les Chinois n'ont jamais reconnu officiellement le droit du Portugal à l'occupation de Macao; dès le début, ils y établirent une douane et un gouvernement qui ne cessait d'être en constant désaccord avec le gouverneur portugais et les autorités locales. Souvent même, le mandarin chinois s'arrogeait le droit de juger et de punir les Européens, sans s'inquiéter des protestations du gouverneur dont il méconnaissait entièrement les droits et les prétentions.

En 1849, Ferreira do Amoral, alors gouverneur de Macao, fatigué de cet état de choses, en demanda la cessation aux mandarins de Canton, et il lutta courageusement afin d'obtenir pour son pays la possession entière et sans partage de la péninsule sur laquelle est situé Macao. La fin tragique de cet officier distingué, qui a tant fait pour la ville qu'il gouvernait, fut précédée d'un évènement caractéristique qui montre combien peu de considération les Anglais ont souvent pour les sentiments et les droits d'autrui, dans les parties du monde où ils croient avoir la haute main. Un jeune Anglais, employé dans une école de Hong-Kong dirigée par des missionnaires protestants, étant allé passer quelque temps à Macao, rencontra un jour dans les rues de la ville la procession du Saint-Sacrement. Au lieu de se conduire ainsi que l'aurait fait dans une circonstance semblable tout homme d'esprit et d'éducation, il se plaça de propos délibéré et chapeau en tête dans le chemin de la procession, et lorsqu'on l'invita poliment à se découvrir ou à se retirer, il ne se contenta pas de s'y refuser, mais il enfonça son chapeau sur ses yeux, se campa dans une attitude de défiance, et se servit de propos insultants envers une religion qui était celle de ses ancêtres et qu'il était trop ignorant pour comprendre.

Naturellement la police dût intervenir, et comme l'Anglais ne voulait pas bouger et persistait à interrompre le passage paisible de la procession, il fut conduit au corps-de-garde. Il en appela au capitaine Keppel, de la marine britannique, commandant la *Dido*, alors dans la rade. Cet officier demanda péremptoirement du gouverneur la mise en liberté immédiate du jeune fou ; Amaral refusa naturellement d'obéir à un tel ordre, et tandis que celui-ci était allé, accompagné de tous les officiers de la garnison, voir une régate organisée dans la rade par l'état-major du *Plymouth*, un navire américain qui avait relâché dans les eaux de Macao, le capitaine Keppel fit débarquer une compagnie d'infanterie de marine, et les soldats anglais, passant par des rues détournées, s'élancèrent sur la sentinelle qui était à la porte du corps-de-garde dans lequel ils pénétrèrent, et ramenèrent en triomphe à bord de la *Dido*, l'imbécile qui avait été la cause de tout ce fracas et de cette violation du droit des gens.

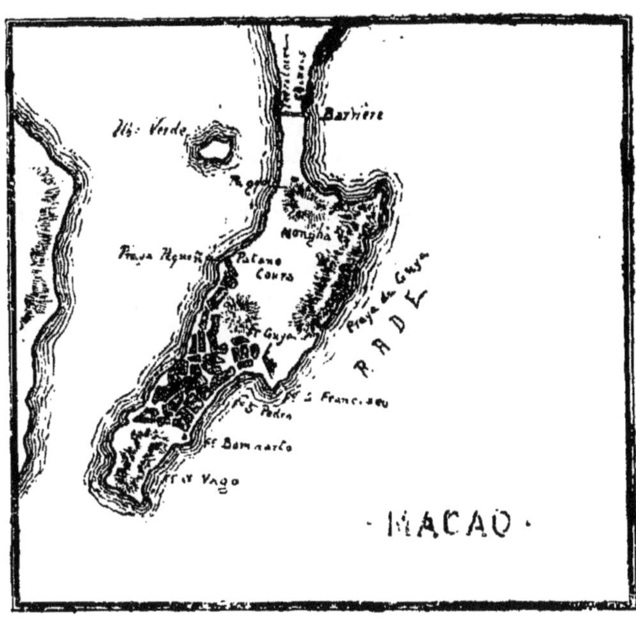

Plan de Macao.

Ce bel exploit militaire fut suivi, quelques semaines plus tard, de la mort de Ferreira do Amaral. Le brave officier avait formé le projet d'embellir Macao, et il avait ouvert de nouvelles voies carrossables à travers la ville, lesquelles, paraît-il, empiétaient plus ou moins sur le cimetière chinois. On avait prévenu Amaral que sa vie était menacée, mais dédaignant toutes précautions, il se rendit un jour à cheval, accompagné seulement du lieutenant Leite, son aide-de-camp, au nord de la ville, afin de prendre un peu d'exercice. Arrivés près du mur qui sépare l'établissement portugais du territoire chinois, les deux cavaliers furent assaillis par une bande d'assassins qui s'étaient postés en embuscade derrière des haies, et en vue des soldats chinois qui ne firent pas un mouvement pour le sauver, Amaral qui n'avait plus qu'un bras et ne pouvait se défendre, fut tué et horriblement mutilé. Sa tête et sa main furent envoyés à Macao, et on ne put jamais retrouver ces horribles trophées. Les assassins passèrent sur la terre chinoise et restèrent impunis.

La mort d'Amaral ne fut pas inutile, car à partir de cette époque le gouverneur portugais et le sénat local furent les seuls maîtres à Macao. Cette souveraineté existe de fait, mais aucun document officiel ne la garantit, et lorsque, en 1832, à la signature du traité de Pékin, le chargé d'affaires du Portugal, Senhor Guimaraes, demanda qu'elle fût définitivement reconnue, le ministre plénipotentiaire de France fut le seul à l'appuyer, et en conséquence le gouvernement chinois refusa toute concession.

Macao, latitude 22°10'30" N., longitude 113°32' E., est situé sur une péninsule de huit mille de circuit, formant l'extrémité méridionale de l'île du même nom. Cette péninsule est reliée à la partie septentrionale par un isthme étroit, coupé par un mur ou barrière de quinze pieds de hauteur qui marque la limite de l'établissement et qui est gardé de l'autre côté par un poste chinois La ville est irrégulièrement bâtie sur une pente qui descend jusqu'au rivage. A l'Est et au Sud, sont des montagnes, dominées par des pics plus élevés sur lesquels des forts sont assis. Les principaux sont ceux de S. João de Barra, de Bomparto, de S. Petro, de S. Francisco, de la Guia et de S. Paulo do Monte. Il en existe en outre sept ou huit moins considérables, et la Praya Grande à l'Est est protégée par une batterie.

Le port, qui se trouve entre la péninsule et la grande île de Tui-lien-chan, n'a que vingt pieds de profondeur à la marée basse, mais il existe à Typa une belle rade dans laquelle les navires peuvent entrer en toute sûreté.

La ville européenne, qui ressemble à s'y méprendre à une vieille cité portugaise, se compose de maisons à murs épais dont beaucoup sont de vrais palais. La population de soixante mille habitants, comprend environ deux mille Portugas. Le commerce, autrefois si prospère, a beaucoup souffert du voisinage de Hong-Kong; il consiste principalement en importations d'opium et en exportation de thé. Il est entre les mains de quelques grandes maisons portugaises, anglaises et américaines, dont les chefs exercent généralement envers les étrangers une hospitalité princière.

Les monuments ne manquent pas à Macao. La cathédrale, le palais du gouverneur, les asiles des pauvres, les orphelinats, les écoles, tous ces édifices ont été construits sur une grande échelle. La Praya Grande, sur le rivage, est une agréable promenade qui sert de rendez-vous à la population européenne.

Le climat est très sain, et beaucoup de marchands étrangers de Canton se rendent tous les ans à Macao en villégiature, et notre résident, M. de Bourboulon, y avait, il y a une trentaine d'années, une charmante résidence où il passait plusieurs mois de l'année, et qui était un centre de réunion et de plaisir.

La Grotte de Camoëns, dans laquelle le poète est supposé avoir écrit ses Lusiades

La jetée à Macao.

est visitée par tous ceux qui se rendent à Macao. Elle est située sur le sommet d'une colline, près du port intérieur. Cette grotte est formée par des rocs de granit qui semblent avoir été jetés pêle-mêle les uns sur les autres. Un monument a été construit sur le point le plus élevé ; il consiste en un socle de marbre supportant le buste en bronze de Camoëns, et la grotte est couronnée d'un belvédère d'où la vue embrasse toute l'île, la rivière de Canton et la mer.

Le pauvre poète qui, ainsi qu'il le disait lui-même, portait d'une main la plume et de l'autre l'épée, (1) avait été exilé à Macao pour avoir écrit, pendant son séjour à Goa, une satire sur le gouvernement des Indes, «Disparatas na India» (Folies de l'Inde), et là il fut, afin de vivre, contraint d'accepter l'emploi de *Provedor dos defuntos*, c'est-à-dire qu'il était administrateur des biens des morts intestats. Il végéta à Macao pendant cinq ans, et quand enfin, le nouveau vice-roi des Indes lui permit de retourner à Goa, il fit naufrage durant la traversée, mais parvint à se sauver avec son cher poème.

Au Nord de Macao, se trouvent deux villages, Patana et Mongha, ainsi que la Pagode des Rochers qui fut longtemps considérée comme une des grandes curiosités de l'Orient. La péninsule sur laquelle est bâti Macao ne produit absolument rien ; mais l'île elle-même est d'une grande fertilité, et les Chinois qui l'habitent fournissent abondamment les marchés de la ville. La garnison se compose de deux cents hommes de l'armée active, et une milice locale ajoute aux forces militaires de l'établissement.

C'est de Macao, ainsi que de Goa, que partaient les expéditions portugaises qui se rendaient dans les mers du Japon. Saint-François Xavier ouvrit la voie et débarqua à Kagosaki, dans l'île de Kiusiu, convertissant au christianisme le prince et ses sujets. Les marchands convertis suivirent les missionnaires, s'établissant d'abord dans l'île de Firando, puis dans celle de Desima.

Luís Almeyda continua l'œuvre de Saint François-Xavier avec autant de tact que d'énergie. Il visita tous les princes de l'île de Kiusiu qui se disputaient l'honneur de le recevoir et le priaient tous de fonder des établissements dans leurs états. Son influence était telle que les bonzes eux-mêmes lui demandaient le baptême. De nombreux villages furent construits par les missionnaires, et ces villages devinrent bientôt des villes. Les indigènes chrétiens s'y rendaient tous pour y vivre en paix et y travailler sous la protection des Pères. Sumitanda, le prince d'Omura, devint bientôt chrétien et concéda à Almeyda le port de Vocotsuna qui devint une possession portugaise. Le roi d'Arima, jaloux de son frère Sumitanda, pria Almeyda de se rendre dans ses états. La conversion de ce roi fut bientôt un fait accompli, et les temples et les idoles furent détruits par ses ordres. De nouvelles possessions furent alors ajoutées au domaine portugais.

Cependant Sumitanda forma le projet d'élever une vaste église à l'endroit connu alors sous le nom de Fucaya, et autour de cette église se groupèrent de nombreuses habitations qui devinrent bientôt une ville. Telle fut l'origine de Nagasaki. Là, les Portugais s'établirent si fermement qu'ils semblaient menacer l'intégrité de l'empire japonais.

Les intrigues des Espagnols contre les Portugais précédèrent celles des Hollandais qui ne parurent au Japon qu'en 1599. Dans ces derniers les Portugais trou-

---

(1) N'huma maõ livros n'outra ferro et aço.
N'huma maõ sempre a espada n'outra a pena.

vèrent des concurrents rapaces et sans scrupules. Les horribles persécutions que
souffrirent les chrétiens au Japon, datent de cette époque, et les Hollandais s'en
firent dès le début les complices complaisants. Les indigènes chrétiens, s'étant
révoltés contre l'insupportable tyrannie des mandarins, se renfermèrent dans la
ville de Simbara, dont la forte position n'aurait jamais pu être forcée par les
troupes japonaises. Les mandarins demandèrent aux Hollandais une aide qui fut
volontiers accordée par Rockerbecher, le gouverneur, et les canons hollandais
battirent la forteresse qu'ils démolirent, livrant ainsi au massacre 40,000 hommes
qui ne réclamaient rien que le libre exercice de leur religion. Dans les années qui
suivirent, les agents de la Compagnie hollandaise allèrent plus loin ; ils dénon-
cèrent aux autorités japonaises une prétendue conspiration portugaise, et par cette
infâme délation, ils réussirent à faire expulser de Desima ceux qui, les premiers,
avaient ouvert le Japon au commerce européen. Ils se contentèrent d'être les
espions du gouvernement japonais, et comme récompense on les toléra, mais en les
traitant ignominieusement et en les regardant toujours comme des hommes dont
on peut se servir mais qu'on ne doit pas traiter en égaux.

Tant que les Hollandais sont restés seuls au Japon, plutôt comme des esclaves
que comme des hommes libres, c'est-à-dire pendant plus de deux siècles, le nom
d'Européen a constamment été méprisé par les indigènes. Ils étaient surveillés
comme des malfaiteurs, et en conséquence leur monopole commercial n'a jamais
été d'une grande valeur. Maintenant que les barrières sont tombées et que le Japon
a pris sa place naturelle et méritée parmi les nations civilisées, les Hollandais ont
perdu toute influence, mais ils n'ont pas encore réussi à effacer la honte du passé
et le souvenir des atroces persécutions dont ils furent les instigateurs et les complices, et dont rougissent les Japonais d'aujourd'hui.

Dans la rade de Macao.

Au milieu du port de Nagasaki, se trouve une île étroite mais très élevée qui
le divise en deux. Les chrétiens japonais qui aimaient mieux souffrir le martyre

que de renier le Christ, étaient conduits dans cette île, et on les contraignait à se précipiter du sommet dans la mer. Les Hollandais trouvèrent dans leur langue un nouveau nom pour désigner cette île : *Papenberg*, le Mont des Papistes, et les Japonais l'adoptèrent aussitôt. Le nom subsiste et il restera, et jamais ne s'effacera la honte dont l'amour du lucre poussa les Hollandais du xvii° siècle à se couvrir. Saint François-Xavier et ses successeurs, en catéchisant le Japon, n'eurent rien à se reprocher, si ce n'est peut-être un excès de zèle. Dans ces pays, les Portugais ne versèrent jamais une seule goutte de sang, et la seule arme dont ils se servirent fut cette Croix que les Hollandais eurent le triste courage de briser et de fouler aux pieds, et qui sans eux serait restée debout sur le sol où elle avait été pacifiquement mais fermement plantée.

Le rapide tableau que j'ai tracé des établissements coloniaux du Portugal, incomplet qu'il puisse être, suffira pour donner une idée générale de leur étendue. Il servira aussi à montrer ce que ce petit état, qui, deux fois en deux siècles a été contraint de reconquérir son indépendance, est parvenu à accomplir avec une population comparativement minime et des ressources forcément restreintes. Il est vrai que les Portugais ont perdu leur empire des Indes et celui du Brésil ; mais leurs ancêtres ont fondé ces deux empires, ils ont été les pionniers de la puissance européenne en Asie, et le Brésil d'aujourd'hui, qui est leur œuvre, doit sa prospérité et même son existence aux princes de la maison de Bragance dont il était la seconde patrie.

Tous, nous savons combien des événements encore récents ont blessé l'orgueil portugais, et notre sympathie a été dès le début acquise à une nation qui n'a jamais été notre ennemie que lorsque nos armées sont venues lui ravir sa liberté. La carte de l'Afrique a été singulièrement manipulée durant ces dernières années ; chacun veut avoir sa part de l'immense continent qui a été si longtemps négligé, et les nouveaux venus sont comme toujours les plus avides.

On a souvent reproché au Portugal d'avoir été la dernière nation européenne qui ait encouragé la traite des nègres, mais cette traite existe encore, et quoi qu'on en dise, ce n'est pas le Portugal qui est le coupable aujourd'hui. Ceux qui se font un revenu du commerce de l'opium avec la Chine, ceux qui envoient sur la côte africaine, en même temps que la Bible, les infâmes liquides qui affolent les indigènes, ceux enfin qui accordent ou imposent leur protectorat aux contrées dans lesquelles le commerce des esclaves est en pleine vigueur, ceux-là n'ont guère le droit de parler toujours et à tout propos de l'influence civilisatrice qui suit leur pavillon.

Tout en reconnaissant les grandes aptitudes que possèdent les Anglais comme colonisateurs, tout en rendant pleine justice à leur indomptable persévérance, à l'abnégation dont ils font si souvent preuve dans les circonstances difficiles, je dois dire que ce n'est pas leur exemple qu'il faut suivre quand on a affaire aux races inférieures. Si l'on compare leur conduite dans l'Afrique australe à celle des Portugais dans l'Afrique occidentale, et à celle des Français dans l'Afrique septentrionale, on verra aisément que l'avantage est loin d'être de leur côté. Quoi qu'il en soit, il y a encore en Afrique place pour tout le monde, mais il est temps que ceux qui ont des droits antérieurs ou égaux les maintiennent ou les fassent prévaloir, et puisque nous nous sommes exclusivement occupés ici du Portugal, je citerai les daroles de Senhor de Barros Gomes, dans sa note du 21 décembre 1889 : « Le Portugal qui a conquis l'Inde et fait le Brésil, possède un passé qui n'est inférieur à celui d'aucune autre nation. Un tel passé lui donne le droit d'espérer que notre nationalité pourra recouvrer son ancien lustre, et c'est maintenant l'Afrique seule qui nous promet qu'il puisse en être ainsi. »

La Convention anglo-portugaise conclue au mois d'août dernier, mais qui, à l'heure où j'écris ces lignes n'a encore abouti qu'à une crise ministérielle à Lisbonne, a été jugée de diverses façons par la presse portugaise. Les progressistes en ont demandé une modification considérable, tandis que la minorité républicaine n'a pas hésité à déclarer que ceux qui ont signé cette Convention se sont rendus coupables de trahison. Tout au contraire, les organes favorables au gouvernement ont regardé la Convention comme le seul compromis possible dans les circonstances actuelles, et le *Jornal do Commercio*, une des feuilles politiques les plus importantes de Lisbonne, s'est exprimé en ces termes il y a quelques semaines :

« L'impression que nous laisse la Convention est, somme toute, favorable. Elle ne réalise pas l'idéal que nous nous étions fait des aspirations coloniales, mais nous sommes restés endormis sur cet idéal pendant de si longues années, que nous ne pouvons pas être surpris si nous l'avons compromis. Considérant les circonstances, on se convaincra que le gouvernement a obtenu tout ce qu'il était humainement possible d'obtenir, et, nous ne pouvons le nier, d'une manière honorable pour nous. Pas un homme de cœur et de sens ne peut lire ce traité avec des sentiments d'enthousiasme. Mais il nous assure la paix, et pour nous cela veut beaucoup dire. Chaque ligne du traité nous montre les pénibles efforts qu'a fait le gouvernement pour sauver tout ce qui pouvait être sauvé. Le Livre Blanc fera voir quelle persévérance était nécessaire à notre ministre pour triompher de la résistance d'un adversaire qui avait la force de son côté. »

Sans vouloir préjuger une question que tout homme raisonnable doit espérer de voir se régler pacifiquement, j'avoue qu'il me semble que les lignes ci-dessus résument admirablement la situation dans laquelle se trouvait le ministère de M. de Serpa Pimentel durant ces négociations. On ignore trop à Lisbonne ce qu'il y a d'entêtement dans la tête d'un ministre conservateur anglais, surtout quand ce ministre cède d'une façon irréfléchie, ainsi que ne le fait que trop souvent Lord Salisbury, aux impulsions erronnées du moment. La générosité n'est pas la vertu cardinale du parti qui est maintenant au pouvoir en Angleterre, et qui malheureusement en a toujours appelé, dans le Parlement comme par ses journaux, au chauvinisme ignorant et aveugle d'un peuple qui n'est que trop enclin à se considérer comme une race supérieure et privilégiée. Cette presse, en traitant les questions de relations extérieures, le prend toujours de très haut, et ne craint pas de dénaturer les faits pour les présenter sous le jour le plus favorable à ceux qui l'inspirent, et le plus nuisible à ceux qu'elle veut combattre. Témoin l'extrait suivant d'un article du *Standard*, publié le 26 août dernier :

« Le gouvernement portugais recueille les fruits naturels, quelque amers qu'ils puissent être, de la ligne de conduite qu'il a cru devoir adopter dès le commencement de ses différends avec notre pays. La démission du ministère de Senhor Serpa Pimentel n'est qu'une autre conséquence légitime de la complaisante faiblesse que le pouvoir exécutif a montrée en présence des passions populaires et faussement patriotiques, et son successeur n'éprouvera pas un sort plus fortuné, à moins qu'il n'adopte un ton plus haut et plus ferme vis-à-vis des entêtés qui dirigent le mouvement contre la ratification par la législature de la Convention anglo-portugaise. »

Rien n'est plus absurde, rien n'est plus faux que ce qu'on vient de lire. Les Anglais savent parfaitement que le successeur de M. de Serpa Pimentel ne peut défendre dans son entier dans les Cortés la Convention qui a été la cause de la crise actuelle, et le gouvernement britannique devra accepter des modifications à cette Convention, ou la nation portugaise se trouvera placée dans un de ces dilemmes dont il est impossible de sortir.

Depuis quelque temps déjà, la politique intérieure du Portugal occupe la presse anglaise plus que de coutume et même plus que de raison. Chaque événement, si insignifiant qu'il puisse être, est soigneusement noté, et si je puis me permettre de dire que j'ai quelque expérience des choses anglaises, j'avoue que j'ai été plus d'une fois indigné en voyant qu'on désirait ouvertement à Londres une révolution à Lisbonne qui simplifierait les choses, soit en fournissant le prétexte d'une intervention intéressée dans les colonies portugaises, soit en donnant la chance de saisir au passage les occasions qui naissent toujours d'une commotion populaire.

L'intérêt du peuple portugais est donc de ne pas céder à des conseils dictés ou par l'imprévoyance ou par l'ambition. Le vrai patriotisme consiste dans la prudence aux moments critiques, dans l'union de toutes les forces nationales, dans la concorde de tous les citoyens, et surtout dans la fidélité au principe fondamental qui régit l'État.

Un jour viendra peut-être où nous n'entendrons plus résonner à nos oreilles cette horrible phrase : La force prime le droit.

9 782019 306861